劉毅老師回答同學的問題

1. 問： 我國中英文很好，上了高一以後，我對英文就沒興趣了。為什麼我讀不下課本？

答： 課文多改編自外國文章，有的單字已經過時，現在外國人都少用，如三民版第一冊的 nuttiness (古怪)，moutza (灰燼)，這些艱深少用的單字，使你受盡挫折。你背了難的單字，反而忽略了常用的單字。

2. 問： 我該怎麼樣增加英文程度？

答： 高中課本和大學入學考試範圍是7000字，只要把7000字背得滾瓜爛熟，看到少數超出範圍的，你就不會害怕。因為一篇文章中，你不會的常用單字加上艱深的單字混在一起，你當然學習起來困難。

3. 問： 7000字我背不下來，怎麼辦？

答： 英文一字多義，沒有方法，很難背下來。所以我們編了「用會話背7000字」、「一分鐘背9個單字」、「時速破百單字快速記憶」，用盡方法讓你迅速背下來。

4. 問： 我背了7000字，不會用怎麼辦？

答： 「用會話背7000字」就是讓你背完馬上會用。如你背了：

Holy cow!（天啊！）
What a *coincidence*!（真巧！）
I wasn't *expecting* you.（我沒想到

你就會*holy, coincidence, expect,* 全部是7000字範圍內的單字。更棒的是，每句都在5個字以內，容易背，可主動說出。背的句子說出來、寫出來，都有信心。你一旦會說英文，就開始對學習英文有興趣了。有興趣的課程，學起來不累。

5. 問：我要如何增強閱讀能力？

　　答：我們有出版以7000字為範圍的升大學叢書。如：
　　　　「7000字克漏字測驗詳解」、
　　　　「7000字文意選填詳解」、
　　　　「7000字閱讀測驗詳解」、
　　　　「7000字學測試題詳解」。
　　　　不一定要等到高三，從高一就要開始讀。

6. 問：為什麼一定要讀以7000字為範圍的閱讀測驗？報章雜誌和課本的文章，不是都超出範圍嗎？

　　答：英文單字無限多，做了100份試題還是有80幾個生字，唯有題目在7000字範圍內，把常用的單字背熟，才會越做越有信心，才會進步。背熟後，再看報章雜誌和課本，就輕鬆了，碰到一些超出範圍的單字，不會影響到你的閱讀。

7. 問：我可不可以做歷屆試題？

　　答：大考中心在歷屆試題花了很大工夫，你可參照我們的「歷屆學測英文試題詳解」，附有勘誤表及出題來源，即使那麼重要的考試，仍然有錯誤，那一般的試題更不用說。

8. 問：我如何在月期考中得高分？

答：把課本熟讀是必要條件，另外百分之五十
課外，如建中，包含聽力測驗(20%)、字
彙與片語(5%)、綜合測驗(25%)、文法選擇
(5%)、文意選填(5%)、閱讀測驗(5%)、文
意字彙(25%)需要拼字，翻譯(10%)，沒有
經過訓練，英文再好，也很難高分。
除了背單字以外，平常就要練習各種題型。
「學習」有出版「高中英語聽力測驗」及
「高中英語聽力測驗進階」。課外太多，
最好的準備方式，就是大量閱讀以7000字
為範圍的書。

9. 問：我要讀課本，又要背「高中常用7000字」，該怎麼兼
顧？

答：你可參加全國各單位舉辦的「高中英文單
字大賽」，以考試為目標來激勵自己背單
字，「背單字、領獎金，是人生美好的事」
比賽成績有助於你進入理想大學。

10. 問：還有什麼其他比賽？

答：有「英文演講比賽」和「英文作文比賽」，報名參加，
接受挑戰，只要參加就是勝利者，成功得到榮譽，失
敗得到經驗。不斷參加，能督促你學英文。

11. 問： 我英文學那麼久，見到外國人不會說話怎麼辦？

答： 學校考課本，你又讀不下去，該怎麼辦呢？我們現在新研發的「用演講背7000字」，將課本內容改編成短篇演講稿，共27句，同學背了，會演講、會寫作文，也會說話。

下面是改編自「高一龍騰版第二冊第二課」的演講稿，你背完之後，不僅會讀課本，對你的身心都有幫助。

How to Beat the Blues
（如何克服憂鬱）

Ladies and gentlemen.	各位先生，各位女士。
Boys and girls.	各位男孩和女孩。
Teacher and students.	老師和同學們。
Have you ever felt down?	你有沒有曾經感到沮喪？
Do you have pressure at school?	在學校上學有沒有壓力？
Let me tell you how to beat the blues.	讓我來告訴你如何克服憂鬱。
First, exercise is a great start.	首先，運動是很好的開始。
Physical activities are the way.	運動就對了。
Jog, bicycle, or take a brisk walk daily.	要每天慢跑、騎腳踏車，或快走。
Second, eat fruits and vegetables.	第二，要吃蔬菜和水果。
Don't consume junk food.	不要吃垃圾食物。
Don't drink too much tea or coffee.	不要喝太多茶或咖啡。
Third, take a few deep breaths.	第三，做幾個深呼吸。
Controlled breathing can lower your blood pressure.	控制呼吸可降低你的血壓。
It will lighten your mood.	它能使你心情變輕鬆。
Fourth, get a proper amount of sunlight.	第四，要適度曬太陽。
It helps a lot when you are moody.	你心情不好時，會對你很有幫助。
It costs you nothing but does you good.	它不花一分錢，但對你有益。

CONTENTS

A 承認 / 爭議

B 學術研究

C 判斷

D 情景 / 感受

E 意志 / 態度

Group A 承認 / 爭議

A1 主張・説服

1. **appear**[1] 〔 ə'pɪr 〕 *v.* 出現
   appeal[3] 〔 ə'pil 〕 *v.* 吸引；懇求

2. **insist**[2] 〔 ɪn'sɪst 〕 *v.* 堅持
   persist[5] 〔 pɚ'zɪst,pɚ'sɪst 〕
   v. 堅持；持續 } 同義字

3. **claim**[2] 〔 klem 〕 *v.* 宣稱；要求
   exclaim[5] 〔 ɪk'sklem 〕 *v.* 大叫

4. **assert**[6] 〔 ə'sɝt 〕 *v.* 主張；聲稱
   insert[4] 〔 ɪn'sɝt 〕 *v.* 插入

5. **firm**[2] 〔 fɝm 〕 *adj.* 堅定的
   n. 公司
   affirm[6] 〔 ə'fɝm 〕 *v.* 斷定；斷言

6. **sure**[1] 〔 ʃur 〕 *adj.* 確定的
   assure[4] 〔 ə'ʃur 〕 *v.* 向～保證

7. **convince**[4] 〔 kən'vɪns 〕 *v.*
   使相信
   province[5] 〔 'pravɪns 〕 *n.* 省

8. **persuade**[3] 〔 pɚ'swed 〕
   v. 説服
   dissuade[6] 〔 dɪ'swed 〕
   v. 勸阻 } 相反詞

9. **declare**[4] 〔 dɪ'klɛr 〕 *v.* 宣佈
   declaration[5] 〔 ˌdɛklə'reʃən 〕
   n. 宣言

10. **announce**[3] 〔 ə'nauns 〕 *v.* 宣佈
    pronounce[2] 〔 prə'nauns 〕 *v.*
    發音
    denounce[6] 〔 dɪ'nauns 〕 *v.* 譴責

11. **exaggerate**[4] 〔 ɪg'zædʒəˌret 〕
    v. 誇大
    exaggeration[5]
    〔 ɪgˌzædʒə'reʃən 〕 *n.* 誇大

12. **eloquent**[6] 〔 'ɛləkwənt 〕 *adj.*
    雄辯的；口才好的
    eloquence[6] 〔 'ɛləkwəns 〕 *n.*
    雄辯；口才

13. **emphasize**[3] 〔 'ɛmfəˌsaɪz 〕 *v.*
    強調
    emphasis[4] 〔 'ɛmfəsɪs 〕 *n.* 強調

A2 説明・證明

1. **men**[1] ﹝mɛn﹞ *n. pl.* 男人
   <u>mention</u>[3] ﹝ˈmɛnʃən﹞ *v.* 提到

2. **mark**[2] ﹝mɑrk﹞ *n.* 記號
   <u>remark</u>[4] ﹝rɪˈmɑrk﹞ *n.* 評論；話
   <u>remarkable</u>[4] ﹝rɪˈmɑrkəbḷ﹞
   adj. 出色的

3. **refer**[4] ﹝rɪˈfɝ﹞ *v.* 提到；參考；指
   <u>reference</u>[4] ﹝ˈrɛfərəns﹞ *n.* 參考

4. **quote**[3] ﹝kwot﹞ *v.* 引用
   <u>quotation</u>[4] ﹝kwoˈteʃən﹞ *n.*
   引用的文句
   <u>quotation marks</u> 引號

5. **describe**[2] ﹝dɪˈskraɪb﹞ *v.* 描述
   <u>description</u>[3] ﹝dɪˈskrɪpʃən﹞ *n.*
   描述

6. **demo** ﹝ˈdɛmə﹞ *n.* 示威運動；
   試聽用的唱片；展示品
   <u>demonstrate</u>[4] ﹝ˈdɛmənˌstret﹞
   v. 示威；示範
   <u>demonstration</u>[4]
   ﹝ˌdɛmənˈstreʃən﹞ *n.* 示威；示範

7. **indicate**[2] ﹝ˈɪndəˌket﹞ *v.* 指出
   <u>indication</u>[4] ﹝ˌɪndəˈkeʃən﹞ *n.*
   跡象；指標

8. **imply**[4] ﹝ɪmˈplaɪ﹞ *v.* 暗示
   <u>implicit</u>[6] ﹝ɪmˈplɪsɪt﹞ *adj.*
   暗示的

9. **suggest**[3] ﹝səgˈdʒɛst﹞ *v.* 建議
   <u>suggestion</u>[4] ﹝səgˈdʒɛstʃən﹞
   n. 建議

10. **illustrate**[4] ﹝ˈɪləstret﹞ *v.* 圖解
    說明
    <u>illustration</u>[4] ﹝ˌɪləsˈtreʃən﹞ *n.*
    插圖；實例

11. **prove**[1] ﹝pruv﹞ *v.* 證明
    <u>proof</u>[3] ﹝pruf﹞ *n.* 證據

12. **wit**[4] ﹝wɪt﹞ *n.* 機智
    <u>witness</u>[4] ﹝ˈwɪtnɪs﹞ *n.* 目擊者；
    證人

13. **evident**[4] ﹝ˈɛvədənt﹞ *adj.*
    明顯的
    <u>evidence</u>[4] ﹝ˈɛvədəns﹞ *n.*
    證據

A3　表示・顯現

1. **reveal**[3] 〔 rɪ'vil 〕 *v.* 顯示
   <u>revelation</u>[6] 〔,rɛvḷ'eʃən 〕 *n.*
   透露；揭露

2. **exhibit**[4] 〔 ɪg'zɪbɪt 〕 *v.* 展示；
   展現
   <u>exhibition</u>[3] 〔,ɛksə'bɪʃən 〕 *n.*
   展覽會

3. **play**[1] 〔 ple 〕 *v.* 玩　*n.* 戲劇
   <u>display</u>[2] 〔 dɪ'sple 〕 *v. n.* 展示

4. **present**[2] 〔'prɛznt 〕 *adj.* 出席的
   n. 禮物（= *gift*[1]）
   <u>represent</u>[3] 〔,rɛprɪ'zɛnt 〕 *v.*
   代表

5. **design**[2] 〔 dɪ'zaɪn 〕 *v. n.* 設計
   <u>designate</u>[6] 〔'dɛzɪg,net 〕 *v.*
   指定

6. **appear**[1] 〔 ə'pɪr 〕 *v.* 出現
   <u>appearance</u>[2] 〔 ə'pɪrəns 〕 *n.*
   外表

7. **manipulate**[6] 〔 mə'nɪpjə,let 〕
   v. 操縱；控制
   <u>manifest</u>[5] 〔'mænə,fɛst 〕
   v. 表露

manipulate

8. **previous**[3] 〔'privɪəs 〕 *adj.*
   先前的
   <u>obvious</u>[3] 〔'ɑbvɪəs 〕 *adj.*
   明顯的

9. **visible**[3] 〔'vɪzəbḷ 〕
   adj. 看得見的
   <u>invisible</u> 〔 ɪn'vɪzəbḷ 〕
   adj. 看不見的
   〕 相反詞

10. **strike**[2] 〔 straɪk 〕 *v.* 打擊
    n. 罷工
    <u>striking</u> 〔'straɪkɪŋ 〕 *adj.* 引人
    注意的

A4 傳達・散佈

1. **communicate**[3]（kə'mjunə,ket）
   v. 溝通；聯繫
   communication[4]
   （kə,mjunə'keʃən）*n.* 溝通；通訊

2. **inform**[3]（ɪn'fɔrm）*v.* 通知
   information[4]（,ɪnfə'meʃən）*n.*
   資訊

3. **advise**[3]（əd'vaɪz）*v.* 勸告
   advice[3]（əd'vaɪs）*n.* 勸告

4. **recommend**[5]（,rɛkə'mɛnd）*v.*
   推薦
   recommendation[6]
   （,rɛkəmɛn'deʃən）*n.* 推薦（函）

5. **advertise**[3]（'ædvə,taɪz）*v.*
   登廣告
   advertisement[3]
   （,ædvə'taɪzmənt）*n.* 廣告

advertisement

6. **translate**[4]
   （'trænslet , træns'let）*v.* 翻譯
   translation[4]（træns'leʃən）
   n. 翻譯

translate

7. **transmit**[6]（træns'mɪt）*v.*
   傳送；傳染
   transmission[6]（træns'mɪʃən）
   n. 傳送

8. **broad**[2]（brɔd）*adj.* 寬的
   broadcast[2]（'brɔd,kæst）*v.*
   廣播；播送

9. **public**[1]（'pʌblɪk）*adj.*
   公共的；公開的
   publish[4]（'pʌblɪʃ）*v.* 出版

10. **rumor**[3]（'rumə）*n.* 謠言
    tumor[6]（'tjumə）*n.* 腫瘤

rumor

A5 爭議・非難

1. **argue**[2] 〔ˈɑrgjʊ〕*v.* 爭論
   <u>argument</u>[2] 〔ˈɑrgjəmənt〕
   n. 爭論

argue

2. **compute**[5] 〔kəmˈpjut〕*v.* 計算
   <u>dispute</u>[4] 〔dɪˈspjut〕*v.* 爭論

3. **bate** 〔bet〕*v.* 減少
   <u>debate</u>[2] 〔dɪˈbet〕*v.* 辯論

4. **controversial**[6] 〔ˌkɑntrəˈvɝʃəl〕
   adj. 引起爭論的；有爭議的
   <u>controversy</u>[6] 〔ˈkɑntrəˌvɝsɪ〕
   n. 爭論

5. **lame**[5] 〔lem〕*adj.* 跛的
   <u>blame</u>[3] 〔blem〕*v.* 責備

6. **approach**[3] 〔əˈprotʃ〕*v.* 接近
   n. 方法
   <u>reproach</u> 〔rɪˈprotʃ〕*v.* 責備

7. **condense**[6] 〔kənˈdɛns〕*v.* 濃縮
   <u>condemn</u>[5] 〔kənˈdɛm〕*v.* 譴責

8. **accuse**[4] 〔əˈkjuz〕*v.* 控告
   <u>accusation</u>[6] 〔ˌækjəˈzeʃən〕
   n. 控告

9. **criticize**[4] 〔ˈkrɪtəˌsaɪz〕*v.* 批評
   <u>critical</u>[4] 〔ˈkrɪtɪkḷ〕*adj.* 批評的；
   危急的

10. **comment**[4] 〔ˈkɑmɛnt〕*n.* 評論
    <u>commentary</u>[6] 〔ˈkɑmənˌtɛrɪ〕
    n. 評論
    No comment.
    不予置評；無可奉告。

11. **confer**[6] 〔kənˈfɝ〕*v.* 商量；
    商議
    <u>conference</u>[4] 〔ˈkɑnfərəns〕
    n. 會議；商議

conference

A6 拒絕 · 反對

1. **deny** [2] 〔 dɪ'naɪ 〕 v. 否認
   denial [5] 〔 dɪ'naɪəl 〕 n. 否認

2. **contradict** [6] 〔͵kɑntrə'dɪkt 〕
   v. 否認;反駁;與…矛盾
   contradiction [6] 〔͵kɑntrə'dɪkʃən 〕
   n. 否認;反駁;矛盾

3. **decline** [6] 〔 dɪ'klaɪn 〕 v. 拒絕;衰退
   incline [6] 〔 ɪn'klaɪn 〕 v. 使傾向於

4. **fuse** [5] 〔 fjuz 〕 n. 保險絲
   refuse [2] 〔 rɪ'fjuz 〕 v. 拒絕
   refusal [4] 〔 rɪ'fjuzḷ 〕 n. 拒絕

5. **eject** 〔 ɪ'dʒɛkt 〕 v. 噴出;排出
   reject [2] 〔 rɪ'dʒɛkt 〕 v. 拒絕

6. **front** [1] 〔 frʌnt 〕 n. 前面
   confront [5] 〔 kən'frʌnt 〕 v. 使面對;
   勇敢對抗

7. **test** [2] 〔 tɛst 〕 n. 測驗
   protest [4] 〔 prə'tɛst 〕 v. 抗議

8. **resist** [3] 〔 rɪ'zɪst 〕 v. 抵抗
   resistance [4] 〔 rɪ'zɪstəns 〕
   n. 抵抗

9. **negative** [2] 〔 'nɛgətɪv 〕
   adj. 負面的
   positive [2] 〔 'pɑzətɪv 〕
   adj. 肯定的;樂觀的   相反詞

10. **contrary** [4] 〔 'kɑntrɛrɪ 〕
    adj. 相反的   n. 正相反
    contrast [4] 〔 'kɑntræst 〕
    n. 對比

contrast

11. **fiction** [4] 〔 'fɪkʃən 〕 n. 小說;
    虛構的事
    friction [6] 〔 'frɪkʃən 〕 n.
    摩擦
    fraction [5] 〔 'frækʃən 〕
    n. 小部分;分數

A7　同意・承認

1. **agree**[1]〔əˋgri〕v. 同意
   agreeable[4]〔əˋgriəbḷ〕
   adj. 令人愉快的
   agreement[1]〔əˋgrimənt〕
   n. 協議

2. **consent**[5]〔kənˋsɛnt〕v. 同意
   consensus[6]〔kənˋsɛnsəs〕
   n. 共識

3. **promise**[2]〔ˋprɑmɪs〕v. 保證
   compromise[5]〔ˋkɑmprəˌmaɪz〕
   v. 妥協

4. **approve**[3]〔əˋpruv〕v. 贊成；
   批准
   approval[4]〔əˋpruvḷ〕n. 贊成

5. **confess**[4]〔kənˋfɛs〕v. 招認
   confession[5]〔kənˋfɛʃən〕
   n. 招認；告解

6. **knowledge**[2]〔ˋnɑlɪdʒ〕n. 知識
   acknowledge[5]〔əkˋnɑlɪdʒ〕
   v. 承認
   acknowledgement[5]
   〔əkˋnɑlɪdʒmənt〕n. 承認

7. **admit**[3]〔ədˋmɪt〕v. 承認；
   准許進入
   admission[4]〔ədˋmɪʃən〕
   n. 入場（許可）；入學（許可）

8. **accept**[2]〔əkˋsɛpt〕v. 接受
   acceptable[3]〔əkˋsɛptəbḷ〕
   adj. 可接受的
   acceptance[4]〔əkˋsɛptəns〕
   n. 接受

9. **allow**[1]〔əˋlau〕v. 允許
   allowance[4]〔əˋlauəns〕
   n. 零用錢

10. **permit**[3]〔pɚˋmɪt〕v. 允許
    permission[3]〔pɚˋmɪʃən〕
    n. 許可

11. **grant**[5]〔grænt〕v. 答應
    grand[1]〔grænd〕adj. 雄偉的
    grandfather[1]〔ˋgrændˌfɑðɚ〕
    n. 祖父（= grandpa[1]）

12. **adopt**[3]〔əˋdɑpt〕v. 採用；
    領養
    adapt[4]〔əˋdæpt〕v. 適應；
    改編

A8 保證・信任

1. **negotiate**[4] 〔 nɪˈgoʃɪˌet 〕 *v.* 談判；
   協商
   <u>negotiation</u>[6] 〔 nɪˌgoʃɪˈeʃən 〕
   n. 談判

2. **refugee**[4] 〔ˌrɛfjʊˈdʒi 〕 *n.* 難民
   <u>guarantee</u>[4] 〔ˌgærənˈti 〕 *v.* 保證

3. **edge**[1] 〔 ɛdʒ 〕 *n.* 邊緣
   <u>pledge</u>[5] 〔 plɛdʒ 〕 *v.* 保證；發誓

pledge

4. **wear**[1] 〔 wɛr 〕 *v.* 穿；戴；磨損；
   使疲倦
   <u>swear</u>[3] 〔 swɛr 〕 *v.* 發誓

5. **credit**[3] 〔ˈkrɛdɪt 〕 *n.* 信用
   <u>credible</u>[6] 〔ˈkrɛdəbḷ 〕
   adj. 可信的
   <u>incredible</u> 〔 ɪnˈkrɛdəbḷ 〕
   adj. 不可置信的　}　相反詞

6. **subscribe**[6] 〔 səbˈskraɪb 〕
   v. 訂閱；簽署
   <u>subscription</u>[6]
   〔 səbˈskrɪpʃən 〕 *n.* 訂閱；
   簽署

7. **contract**[3] 〔ˈkɑntrækt 〕
   n. 合約
   <u>contractor</u>[6] 〔ˈkɑntræktə 〕
   n. 承包商

8. **believe**[1] 〔 bɪˈliv 〕 *v.* 相信
   <u>belief</u>[2] 〔 bɪˈlif 〕 *n.* 相信；
   信仰

belief

9. **due**[3] 〔 dju 〕 *adj.* 到期的；
   應得的
   <u>due to</u> 由於
   (= *owing to* = *thanks to*
   = *because of*)

A9　語言・編輯

1. **spell**[1] 〔 spɛl 〕 *v.* 拼 (字)
   spelling[2] 〔'spɛlɪŋ 〕 *n.* 拼字

2. **dictate**[6] 〔'dɪktet 〕 *v.* 聽寫
   dictator[6] 〔'dɪktetɚ 〕 *n.* 獨裁者
   dictation[6] 〔 dɪk'teʃən 〕 *n.* 聽寫

3. **linguistic** 〔 lɪŋ'gwɪstɪk 〕
   adj. 語言的
   linguistics 〔 lɪŋ'gwɪstɪks 〕
   n. 語言學
   linguist[6] 〔'lɪŋgwɪst 〕 *n.* 語言學家

4. **lingual** 〔'lɪŋgwəl 〕 *adj.* 語言的
   bilingual 〔 baɪ'lɪŋgwəl 〕 *adj.*
   會說兩種語言的

5. **liter**[6] 〔'litɚ 〕 *n.* 公升
   literal[6] 〔'lɪtərəl 〕 *adj.* 字面的
   literally 〔'lɪtərəlɪ 〕 *adv.* 照字面地

6. **symbol**[2] 〔'sɪmbl̩ 〕 *n.* 象徵
   symbolize[6] 〔'sɪmbl̩,aɪz 〕
   v. 象徵
   symbolic[6] 〔 sɪm'balɪk 〕
   adj. 象徵性的

7. **salary**[4] 〔'sælərɪ 〕 *n.* 薪水
   vocabulary[2] 〔 və'kæbjə,lɛrɪ 〕
   n. 字彙

8. **dialect**[5] 〔'daɪə,lɛkt 〕 *n.* 方言
   dialogue[3] 〔'daɪə,lɔg 〕 *n.* 對話

9. **ton**[3] 〔 tʌn 〕 *n.* 公噸
   tongue[2] 〔 tʌŋ 〕 *n.* 舌頭；語言
   mother tongue　母語

10. **manual**[4] 〔'mænjʊəl 〕 *n.* 手冊
    manuscript[6] 〔'mænjə,skrɪpt 〕
    n. 手稿
    manufacture[4]
    〔,mænjə'fæktʃɚ 〕 *v.* 製造

11. **raft**[6] 〔 ræft 〕 *n.* 木筏；救生筏
    draft[4] 〔 dræft 〕 *n.* 草稿

12. **issue**[5] 〔'ɪʃu ,'ɪʃjʊ 〕 *n.* 議題；
    發行
    tissue[3] 〔'tɪʃu 〕 *n.* 面紙

13. **edit**[3] 〔'ɛdɪt 〕 *v.* 編輯
    editor[3] 〔'ɛdɪtɚ 〕 *n.* 編輯
    editorial[6] 〔,ɛdə'tɔrɪəl 〕 *n.*
    社論

A10 習慣·遺傳

1. **habit**[2] 〔ˈhæbɪt〕 *n.* 習慣
   <u>habitual</u>[4] 〔həˈbɪtʃuəl〕 *adj.* 習慣性的
   <u>habitat</u>[6] 〔ˈhæbə,tæt〕 *n.* 棲息地

2. **convention**[4] 〔kənˈvɛnʃən〕 *n.* 代表大會
   <u>conventional</u>[4] 〔kənˈvɛnʃənḷ〕 *adj.* 傳統的

3. **tradition**[2] 〔trəˈdɪʃən〕 *n.* 傳統
   <u>traditional</u>[2] 〔trəˈdɪʃənḷ〕 *adj.* 傳統的（= *conventional*[4]）

4. **inherit**[5] 〔ɪnˈhɛrɪt〕 *v.* 繼承
   <u>heritage</u>[6] 〔ˈhɛrətɪdʒ〕 *n.* 遺產

heritage

5. **use**[1] 〔juz〕 *v.* 使用
   <u>usage</u>[4] 〔ˈjusɪdʒ〕 *n.* 用法

6. **legend**[4] 〔ˈlɛdʒənd〕 *n.* 傳說
   <u>legendary</u>[6] 〔ˈlɛdʒənd,ɛrɪ〕 *adj.* 傳說的；傳奇性的

7. **custom**[2] 〔ˈkʌstəm〕 *n.* 習俗
   <u>accustom</u>[5] 〔əˈkʌstəm〕 *v.* 使習慣於
   <u>be accustomed to</u> 習慣於（= *be used to*）

8. **here**[1] 〔hɪr〕 *adv.* 這裡
   <u>inherent</u>[6] 〔ɪnˈhɪrənt〕 *adj.* 與生俱來的

9. **air**[1] 〔ɛr〕 *n.* 空氣
   <u>heir</u>[5] 〔ɛr〕 *n.* 繼承人 〕同音字
   【注意發音】

heir

Group B 學術研究

B1 查詢・研究

1. **see**¹ 〔 si 〕 *v.* 看見
   <u>seek</u>³ 〔 sik 〕 *v.* 尋找

2. **inquire**⁵ 〔 ɪn'kwaɪr 〕 *v.* 詢問
   (= *ask*¹)
   <u>acquire</u>⁴ 〔 ə'kwaɪr 〕 *v.* 獲得；
   學會
   <u>require</u>² 〔 rɪ'kwaɪr 〕 *v.* 需要

3. **investigate**³ 〔 ɪn'vɛstə,get 〕
   v. 調查
   <u>investigation</u>⁴ 〔 ɪn,vɛstə'geʃən 〕
   n. 調查

4. **survey**³ 〔 sə·'ve 〕 *v.* 調查
   <u>convey</u>⁴ 〔 kən've 〕 *v.* 傳達

5. **inspect**³ 〔 ɪn'spɛkt 〕 *v.* 檢查
   <u>inspection</u>⁴ 〔 ɪn'spɛkʃən 〕 *n.*
   檢查
   <u>inspector</u>³ 〔 ɪn'spɛktə· 〕 *n.*
   檢查員

6. **search**² 〔 sɝtʃ 〕 *v.* 尋找；搜尋
   <u>research</u>⁴ 〔 rɪ'sɝtʃ , 'risɝtʃ 〕
   v. n. 研究

7. **explore**⁴ 〔 ɪk'splor 〕 *v.* 在⋯
   探險；探討
   <u>exploration</u>⁶ 〔 ,ɛksplə'reʃən 〕
   n. 探險

8. **quest**⁵ 〔 kwɛst 〕 *n.* 追求；尋求
   <u>question</u>¹ 〔 'kwɛstʃən 〕 *n.* 問題

9. **analyze**⁴ 〔 'ænḷ,aɪz 〕 *v.* 分析
   <u>analysis</u>⁴ 〔 ə'næləsɪs 〕 *n.*
   分析

10. **experiment**³ 〔 ɪk'spɛrəmənt 〕
    n. 實驗
    <u>experimental</u>⁴
    〔 ɪk,spɛrə'mɛntḷ 〕 *adj.* 實驗的

11. **labor**⁴ 〔 'lebə· 〕 *n.* 勞力；勞工
    <u>laboratory</u>⁴ 〔 'læbrə,torɪ 〕 *n.*
    實驗室

12. **clue**³ 〔 klu 〕 *n.* 線索
    <u>glue</u>² 〔 glu 〕 *n.* 膠水

13. **curious**² 〔 'kjurɪəs 〕 *adj.* 好奇的
    <u>curiosity</u>⁴ 〔 ,kjurɪ'ɑsətɪ 〕 *n.*
    好奇心

B2 觀察・情景

1. **observe**[3] 〔 əbˈzɝv 〕 v. 觀察；
遵守
<u>observation</u>[4] 〔ˌɑbzɚˈveʃən 〕 n.
觀察；遵守

2. **stare**[3] 〔 stɛr 〕 v. 凝視；瞪眼看
<u>square</u>[2] 〔 skwɛr 〕 n. 正方形
adj. 平方的

3. **regard**[2] 〔 rɪˈgɑrd 〕 v. 認爲
<u>regardless</u>[6] 〔 rɪˈgɑrdlɪs 〕 *adj.*
不顧慮的
<u>disregard</u>[6] 〔ˌdɪsrɪˈgɑrd 〕 v.
忽視

4. **look**[1] 〔 lʊk 〕 v. 看
<u>overlook</u>[4] 〔ˌovɚˈlʊk 〕 v. 忽視
<u>outlook</u>[6] 〔ˈaʊtˌlʊk 〕 n. 看法

5. **glance**[3] 〔 glæns 〕 n. v. 看一眼
<u>glimpse</u>[4] 〔 glɪmps 〕 n. v.
瞥見；看一眼 ⎱ 同義字

6. **respect**[2] 〔 rɪˈspɛkt 〕 v. n. 尊敬
<u>aspect</u>[4] 〔ˈæspɛkt 〕 n. 方面

7. **respective**[6] 〔 rɪˈspɛktɪv 〕
adj. 個別的
<u>perspective</u>[6] 〔 pɚˈspɛktɪv 〕
n. 正確的眼光

8. **spectacle**[5] 〔ˈspɛktəkḷ 〕
n. 壯觀的場面；(*pl.*) 眼鏡
<u>spectator</u>[5] 〔ˈspɛktetɚ 〕
n. 觀衆
<u>spectacular</u>[6] 〔 spɛkˈtækjəlɚ 〕
adj. 壯觀的

9. **cope**[4] 〔 kop 〕 v. 處理；應付
<u>scope</u>[6] 〔 skop 〕 n. 範圍

10. **cape**[4] 〔 kep 〕 n. 披風
<u>landscape</u>[4]
〔ˈlænskep 〕 n. 風景

cape

11. **scene**[1] 〔 sin 〕 n. 風景；場景
<u>scenery</u>[4] 〔ˈsinərɪ 〕 n. 風景
【集合名詞】

12. **parent**[1] 〔ˈpɛrənt 〕 n. 父 (母)
<u>transparent</u>[5] 〔 trænsˈpɛrənt 〕
adj. 透明的

B3 特徵・顯著

1. **impress**[3] 〔 ɪm'prɛs 〕 v. 使印象深刻
   impression[4] 〔 ɪm'prɛʃən 〕 n. 印象
   impressive[3] 〔 ɪm'prɛsɪv 〕 adj. 令人印象深刻的

2. **creature**[3] 〔'kritʃɚ 〕 n. 生物；動物
   feature[3] 〔'fitʃɚ 〕 n. 特色

3. **trait**[6] 〔 tret 〕 n. 特點
   traitor[5] 〔'tretɚ 〕 n. 叛徒

4. **character**[2] 〔'kærɪktɚ 〕 n. 性格
   characterize[6] 〔'kærɪktə,raɪz 〕 v. 以⋯為特色
   characteristic[4] 〔,kærɪktə'rɪstɪk 〕 n. 特性

5. **quality**[2] 〔'kwɑlətɪ 〕 n. 品質；特質
   qualify[5] 〔'kwɑlə,faɪ 〕 v. 使合格；使有資格
   qualification[6]
   〔,kwɑləfə'keʃən 〕 n. 資格

6. **excel**[5] 〔 ɪk'sɛl 〕 v. 勝過；擅長
   excellent[2] 〔'ɛkslənt 〕 adj. 優秀的
   excellence[3] 〔'ɛksləns 〕 n. 優秀

7. **promise**[3] 〔'prɑmɪs 〕 v. 保證
   prominent[4] 〔'prɑmənənt 〕 adj. 卓越的

8. **outstanding**[4] 〔'aʊt'stændɪŋ 〕 adj. 傑出的
   outskirts[5] 〔'aʊt,skɝts 〕 n.pl. 郊區

9. **plain**[2] 〔 plen 〕 adj. 平凡的 n. 平原
   complain[2] 〔 kəm'plen 〕 v. 抱怨

10. **vivid**[3] 〔'vɪvɪd 〕 adj. 生動的；栩栩如生的
    vividly[3] 〔'vɪvɪdlɪ 〕 adv. 栩栩如生地

11. **type**[2] 〔 taɪp 〕 n. 類型 v. 打字
    typical[3] 〔'tɪpɪkḷ 〕 adj. 典型的；特有的

B4 理解・確認

1. **recognize**[3] 〔'rɛkəg,naɪz 〕 v.
   認得
   <u>recognition</u>[4] 〔,rɛkəg'nɪʃən 〕 n.
   承認；認得

2. **perceive**[5] 〔 pə'siv 〕 v. 察覺
   <u>perception</u>[6] 〔 pə'sɛpʃən 〕
   n. 知覺

3. **conceive**[5] 〔 kən'siv 〕 v. 想像；
   認爲
   <u>conception</u>[6] 〔 kən'sɛpʃən 〕
   n. 觀念
   <u>concept</u>[4] 〔'kansɛpt 〕 n.
   觀念 〕 同義字

4. **comprehend**[5] 〔,kamprɪ'hɛnd 〕
   v. 理解
   <u>comprehension</u>[5]
   〔,kamprɪ'hɛnʃən 〕 n. 理解力
   <u>comprehensive</u>[6]
   〔,kamprɪ'hɛnsɪv 〕 adj. 全面的

5. **appreciate**[3] 〔 ə'priʃɪ,et 〕 v.
   欣賞；感激；了解
   <u>appreciation</u>[4] 〔 ə,priʃɪ'eʃən 〕
   n. 欣賞；感激；理解

6. **conclude**[3] 〔 kən'klud 〕 v.
   下結論；結束
   <u>conclusion</u>[3] 〔 kən'kluʒən 〕 n.
   結論

7. **interpret**[4] 〔 ɪn'tɜprɪt 〕 v.
   解釋；口譯
   <u>interpretation</u>[5]
   〔 ɪn,tɜprɪ'teʃən 〕 n. 解釋；口譯
   <u>interpreter</u>[5] 〔 ɪn'tɜprɪtə 〕 n.
   口譯者

interpret

8. **conform**[6] 〔 kən'fɔrm 〕 v.
   遵守；一致
   <u>confirm</u>[2] 〔 kən'fɜm 〕 v.
   證實；確認

B5　假定・推測

1. **pose**² 〔 poz 〕 *n.* 姿勢　*v.* 擺姿勢
   <u>oppose</u>⁴ 〔 əˈpoz 〕 *v.* 反對
   <u>suppose</u>³ 〔 səˈpoz 〕 *v.* 假定；
   認為

2. **cast**³ 〔 kæst 〕 *v.* 投擲
   <u>forecast</u>⁴ 〔 forˈkæst 〕 *v.* 預測
   〔ˈforˌkæst 〕 *n.*

3. **participate**³ 〔 parˈtɪsəˌpet 〕 *v.*
   參加
   <u>anticipate</u>⁶ 〔 ænˈtɪsəˌpet 〕 *v.*
   預期；期待

4. **assume**⁴ 〔 əˈs(j)um 〕 *v.* 假定；
   認為
   <u>presume</u>⁶ 〔 prɪˈzum 〕 *v.* 假定

5. **infer**⁶ 〔 ɪnˈfɝ 〕 *v.* 推論
   <u>inference</u>⁶ 〔ˈɪnfərəns 〕 *n.*
   推論

6. **predict**⁴ 〔 prɪˈdɪkt 〕 *v.* 預測
   <u>prediction</u>⁶ 〔 prɪˈdɪkʃən 〕 *n.*
   預測

7. **suspect**³ 〔 səˈspɛkt 〕 *v.* 懷疑
   <u>suspicion</u>³ 〔 səˈspɪʃən 〕 *n.*
   懷疑
   <u>suspicious</u>⁴ 〔 səˈspɪʃəs 〕 *adj.*
   可疑的

8. **prospect**⁵ 〔ˈprɑspɛkt 〕 *n.*
   希望；期待
   <u>prospective</u>⁶ 〔 prəˈspɛktɪv 〕
   adj. 有希望的；未來的

9. **profit**³ 〔ˈprɑfɪt 〕 *n.* 利潤 ⎫ 同
   <u>prophet</u>⁵ 〔ˈprɑfɪt 〕 *n.* ⎬ 音
   預言者；先知 ⎭ 字

10. **likely**¹ 〔ˈlaɪklɪ 〕 *adj.* 可能的
    <u>likelihood</u>⁵ 〔ˈlaɪklɪˌhʊd 〕 *n.*
    可能性

11. **probable**³ 〔ˈprɑbəbl̩ 〕 *adj.*
    可能的
    <u>probably</u>³ 〔ˈprɑbəblɪ 〕 *adv.*
    可能

12. **inevitable**⁶ 〔 ɪnˈɛvətəbl̩ 〕
    adj. 不可避免的
    <u>inevitably</u>⁶ 〔 ɪnˈɛvətəblɪ 〕
    adv. 必然地

B6 計量・比例

1. **calculate**[4]〔'kælkjə,let〕*v.* 計算
   calculation[4]〔,kælkjə'leʃən〕
   n. 計算
   calculator[4]〔'kælkjə,letə〕
   n. 計算機

2. **compute**[5]〔kəm'pjut〕*v.* 計算
   computer[2]〔kəm'pjutə〕
   n. 電腦
   computerize[5]〔kəm'pjutə,raɪz〕
   v. 使電腦化

3. **reckon**[5]〔'rɛkən〕*v.* 計算；認爲
   beckon[6]〔'bɛkən〕*v.* 向…招手

4. **measure**[2,4]〔'mɛʒə〕*v.* 測量
   n. 措施
   measurement[2]〔'mɛʒəmənt〕
   n. 測量

5. **weigh**[1]〔we〕*v.* 重…
   weight[1]〔wet〕*n.* 重量
   overweight〔'ovə'wet〕*n.*
   過重

6. **mount**[5]〔maʊnt〕*v.* 登上；爬上
   n. …山；…峰
   amount[2]〔ə'maʊnt〕*n.* 數量

7. **count**[1]〔kaʊnt〕*v.* 數；重要
   account[3]〔ə'kaʊnt〕*n.* 帳戶
   accountant[4]〔ə'kaʊntənt〕
   n. 會計師

8. **quality**[2]〔'kwɑlətɪ〕*n.* 品質；
   特質
   quantity[2]〔'kwɑntətɪ〕*n.* 量

9. **column**[3]〔'kɑləm〕*n.* 專欄；
   圓柱
   volume[3]〔'vɑljəm〕*n.* 音量；
   （書）冊【注意拼字】

10. **degree**[2]〔dɪ'gri〕*n.* 程度
    degrade[6]〔dɪ'gred〕*v.* 降低
    （地位、人格）

11. **average**[3]〔'ævərɪdʒ〕*n.*
    平均（數）　*adj.* 一般的
    beverage[6]〔'bɛvərɪdʒ〕*n.*
    飲料

12. **rate**[3]〔ret〕*n.* 速率；比率
    ratio[5]〔'reʃo〕*n.* 比例

13. **portion**[3]〔'porʃən〕*n.* 部分
    proportion[5]〔prə'porʃən〕*n.*
    比例

B7　想起・知覺

1. **member**[2] 〔'mɛmbɚ〕 *n.* 成員
   <u>remember</u>[1] 〔rɪ'mɛmbɚ〕 *v.*
   記得

2. **mind**[1] 〔maɪnd〕 *n.* 心；精神
   <u>remind</u>[3] 〔rɪ'maɪnd〕 *v.* 提醒；
   使想起

3. **cite**[5] 〔saɪt〕 *v.* 引用
   <u>recite</u>[4] 〔rɪ'saɪt〕 *v.* 背誦；
   朗誦
   <u>excite</u>[2] 〔ɪk'saɪt〕 *v.* 使興奮

recite

4. **collect**[2] 〔kə'lɛkt〕 *v.* 收集
   <u>recollect</u> 〔͵rɛkə'lɛkt〕 *v.* 想起

5. **call**[1] 〔kɔl〕 *v.* 叫
   <u>recall</u>[4] 〔rɪ'kɔl〕 *v.* 回想；
   召回

6. **associate**[4] 〔ə'soʃɪ͵et〕 *v.* 聯想
   <u>association</u>[4] 〔ə͵soʃɪ'eʃən〕 *n.*
   協會

7. **imagine**[2] 〔ɪ'mædʒɪn〕 *v.* 想像
   <u>imagination</u>[3] 〔ɪ͵mædʒə'neʃən〕
   n. 想像力

8. **conscious**[3] 〔'kɑnʃəs〕 *adj.*
   知道的；察覺到的
   <u>conscience</u>[4] 〔'kɑnʃəns〕 *n.* 良心

9. **ware**[5] 〔wɛr〕 *n.* 用品
   <u>aware</u>[3] 〔ə'wɛr〕 *adj.* 知道的；
   察覺到的（= *conscious*[3]）

10. **ignore**[2] 〔ɪg'nor〕 *v.* 忽視
    （= *neglect*[4]）
    <u>ignorant</u>[4] 〔'ɪgnərənt〕 *adj.*
    無知的
    <u>ignorance</u>[3] 〔'ɪgnərəns〕 *n.*
    無知

ignore

B8 思考・智力

1. **consider**[2] 〔kənˋsɪdə〕 v. 認爲；
考慮
considerate[5] 〔kənˋsɪdərɪt〕
adj. 體貼的
considerable[3] 〔kənˋsɪdərəbḷ〕
adj. 相當大的

2. **liberate**[6] 〔ˋlɪbəˌret〕 v. 解放
deliberate[6] 〔dɪˋlɪbərɪt〕 adj.
故意的

3. **reflect**[4] 〔rɪˋflɛkt〕 v. 反射；反映
reflection[4]
〔rɪˋflɛkʃən〕 n. 反射
reflective[6]
〔rɪˋflɛktɪv〕 adj. 反射的

reflect

4. **plate**[2] 〔plet〕 n. 盤子
contemplate[5] 〔ˋkɑntəmˌplet〕
v. 沉思；仔細考慮

5. **meditate**[6] 〔ˋmɛdəˌtet〕
v. 沉思；冥想
meditation[6] 〔ˌmɛdəˋteʃən〕 n.
沉思；冥想

6. **speculate**[6] 〔ˋspɛkjəˌlet〕 v.
推測
articulate[6] 〔ɑrˋtɪkjəlɪt〕 adj.
口齒清晰的；能言善道的

7. **intelligent**[4] 〔ɪnˋtɛlədʒənt〕
adj. 聰明的
intelligence[4] 〔ɪnˋtɛlədʒəns〕
n. 智力；聰明才智

8. **intellect**[6] 〔ˋɪntḷˌɛkt〕 n. 智力；
知識分子
intellectual[4] 〔ˌɪntḷˋɛktʃʊəl〕
adj. 智力的

9. **mental**[3] 〔ˋmɛntḷ〕 adj. 心理的
mentality[6] 〔mɛnˋtælətɪ〕 n.
心理狀態

10. **motion**[2] 〔ˋmoʃən〕 n. 動作
notion[5] 〔ˋnoʃən〕 n. 觀念；
想法

motion

11. **wise**[2] 〔waɪz〕 adj. 聰明的
wisdom[3] 〔ˋwɪzdəm〕 n. 智慧

B9 學術・理論

1. **logic**[4] ﹝'lɑdʒɪk﹞ *n.* 邏輯
   <u>logical</u>[4] ﹝'lɑdʒɪkḷ﹞ *adj.* 合乎
   邏輯的

2. **national**[2] ﹝'næʃənḷ﹞ *adj.* 全國的
   <u>rational</u>[6] ﹝'ræʃənḷ﹞ *adj.* 理性的；
   合理的

3. **abstract**[4] ﹝'æbstrækt﹞ *adj.*
   抽象的
   <u>subtract</u>[2] ﹝səb'trækt﹞ *v.*
   減掉

4. **theory**[3] ﹝'θiərɪ﹞ *n.* 理論
   <u>theoretical</u>[6] ﹝,θiə'rɛtɪkḷ﹞ *adj.*
   理論上的

5. **principle**[2] ﹝'prɪnsəpḷ﹞
   n. 原則
   <u>principal</u>[2] ﹝'prɪnsəpḷ﹞
   n. 校長　*adj.* 主要的
   } 同音字

6. **doctor**[1] ﹝'dɑktɚ﹞ *n.* 醫生
   (= *Dr.*[2] = *doc* = *physician*[4])
   <u>doctrine</u>[6] ﹝'dɑktrɪn﹞ *n.* 教條

7. **iron**[1] ﹝'aɪɚn﹞ *n.* 鐵　*v.* 熨燙
   <u>irony</u>[6] ﹝'aɪrənɪ﹞ *n.* 諷刺
   <u>ironic</u>[6] ﹝aɪ'rɑnɪk﹞ *adj.* 諷刺的

8. **philosophy**[4] ﹝fə'lɑsəfɪ﹞
   n. 哲學；人生觀
   <u>philosopher</u>[4] ﹝fə'lɑsəfɚ﹞ *n.*
   哲學家
   <u>philosophical</u>[4]
   ﹝,fɪlə'sɑfɪkḷ﹞ *adj.*
   哲學的

   philosopher

9. **psychology**[4] ﹝saɪ'kɑlədʒɪ﹞
   n. 心理學
   <u>psychologist</u>[4] ﹝saɪ'kɑlədʒɪst﹞
   n. 心理學家
   <u>psychological</u>[4]
   ﹝,saɪkə'lɑdʒɪkḷ﹞ *adj.* 心理的

10. **biology**[4] ﹝baɪ'ɑlədʒɪ﹞ *n.*
    生物學
    <u>biological</u>[6] ﹝,baɪə'lɑdʒɪkḷ﹞
    adj. 生物學的

11. **bottle**[2] ﹝'bɑtḷ﹞ *n.* 瓶子
    <u>botany</u>[5] ﹝'bɑtnɪ﹞ *n.* 植物學

B10 文學・藝術

1. **subject**[2] ﹝'sʌbdʒɪkt﹞ *n.* 科目；
主題
<u>object</u>[2] ﹝'abdʒɪkt﹞ *n.* 物體
﹝əb'dʒɛkt﹞ *v.* 反對

2. **motive**[5] ﹝'motɪv﹞ *n.* 動機
<u>locomotive</u>[5]
﹝ˌlokə'motɪv﹞ *n.* 火車頭

locomotive

3. **lot**[1] ﹝lat﹞ *n.* 很多
<u>plot</u>[4] ﹝plat﹞ *n.* 情節

4. **literary**[4] ﹝'lɪtəˌrɛrɪ﹞ *adj.* 文學的
<u>literature</u>[4] ﹝'lɪtərətʃə﹞ *n.*
文學

5. **novel**[2] ﹝'navl̩﹞ *n.* 小說
<u>novelist</u>[3] ﹝'navl̩ɪst﹞ *n.* 小說家

6. **poem**[2] ﹝'po·ɪm﹞ *n.* 詩
<u>poetry</u>[1] ﹝'po·ɪtrɪ﹞ *n.* 詩
【集合名詞】
<u>poet</u>[2] ﹝'po·ɪt﹞ *n.* 詩人

7. **tragic**[4] ﹝'trædʒɪk﹞ *adj.* 悲劇的
<u>tragedy</u>[4] ﹝'trædʒədɪ﹞ *n.*
悲劇

8. **biography**[4] ﹝baɪ'agrəfɪ﹞ *n.*
傳記
<u>autobiography</u>[4]
﹝ˌɔtəbaɪ'agrəfɪ﹞ *n.* 自傳

9. **portray**[4] ﹝por'tre﹞ *v.* 描繪
<u>portrait</u>[3] ﹝'portret﹞ *n.* 肖像

10. **sculptor**[5] ﹝'skʌlptə﹞ *n.*
雕刻家
<u>sculpture</u>[4]
﹝'skʌlptʃə﹞ *n.* 雕刻

sculpture

11. **craft**[4] ﹝kræft﹞ *n.* 技藝；技術
<u>aircraft</u>[2] ﹝'ɛrˌkræft﹞ *n.* 飛機
【集合名詞】

12. **art**[1] ﹝art﹞ *n.* 藝術
<u>artist</u>[2] ﹝'artɪst﹞ *n.* 藝術家
<u>artistic</u>[4] ﹝ar'tɪstɪk﹞ *adj.*
藝術的

Group C 判斷

C1 判斷·價值

1. **judge**[2] 〔 dʒʌdʒ 〕 *v.* 判斷　*n.* 法官
   judg(e)ment[2] 〔'dʒʌdʒmənt 〕 *n.*
   判斷

judge

2. **evaluate**[4] 〔 ɪ'væljʊ,et 〕 *v.* 評估
   evaluation[4] 〔 ɪ,væljʊ'eʃən 〕
   n. 評價

3. **value**[2] 〔'væljʊ 〕 *n.* 價值
   valuable[3] 〔'væljʊəbḷ 〕 *adj.*
   有價值的
   invaluable[6] 〔 ɪn'væljəbḷ 〕 *adj.*
   珍貴的；無價的

4. **merry**[3] 〔'mɛrɪ 〕 *adj.* 歡樂的
   merit[4] 〔'mɛrɪt 〕 *n.* 優點

5. **mate**[2] 〔 met 〕 *n.* 伴侶
   estimate[4] 〔'ɛstə,met 〕 *v.* 估計

6. **reserve**[3] 〔 rɪ'zɝv 〕 *v.* 預訂；
   保留
   deserve[4] 〔 dɪ'zɝv 〕 *v.* 應得

7. **worth**[2] 〔 wɝθ 〕 *adj.* 值得⋯
   worthy[5] 〔'wɝðɪ 〕 *adj.* 值得的
   worthwhile[5] 〔'wɝθ'hwaɪl 〕
   adj. 值得的；值得花時間的

8. **precious**[3] 〔'prɛʃəs 〕
   adj. 珍貴的　}同義字
   priceless[5] 〔'praɪslɪs 〕
   adj. 無價的

9. **compare**[2] 〔 kəm'pɛr 〕
   v. 比較；比喻
   comparable[6] 〔'kɑmpərəbḷ 〕
   adj. 可比較的

compare

C2 調整・適當

1. **adapt**[4] 〔 ə'dæpt 〕 v. 適應;改編
   adaptation[6] 〔ˌædəp'teʃən 〕
   n. 適應

2. **adjust**[4] 〔 ə'dʒʌst 〕 v. 調整
   adjustment[4] 〔 ə'dʒʌstmənt 〕
   n. 調整

adjust

3. **apply**[2] 〔 ə'plaɪ 〕 v. 申請;應徵;
   運用
   applicant[4] 〔'æpləkənt 〕
   n. 申請人;應徵者
   application[4] 〔ˌæplə'keʃən 〕
   n. 申請

4. **prepare**[1] 〔 prɪ'pɛr 〕 v. 準備
   preparation[3] 〔ˌprɛpə'reʃən 〕
   n. 準備

5. **suit**[2] 〔 sut 〕 v. 適合   n. 西裝
   suitable[3] 〔'sutəbl̩ 〕 adj.
   適合的

suit

6. **coordinate**[6] 〔 ko'ɔrdn̩ˌet 〕
   v. 使協調
   subordinate[6] 〔 sə'bɔrdn̩ɪt 〕
   adj. 下級的;次要的

7. **proper**[3] 〔'prɑpɚ 〕 adj.
   適當的
   appropriate[4]
   〔 ə'proprɪɪt 〕 adj. 適當的

   }同義字

8. **model**[2] 〔'mɑdl̩ 〕 n. 模型;
   模特兒
   moderate[4] 〔'mɑdərɪt 〕 adj.
   適度的

model

C3　正確・徹底

1. **correct**[1]〔kəˈrɛkt〕*adj.* 正確的
   collect[2]〔kəˈlɛkt〕*v.* 收集

2. **precise**[4]〔prɪˈsaɪs〕*adj.* 精確的
   precision[6]〔prɪˈsɪʒən〕*n.* 精確

3. **accurate**[3]〔ˈækjərɪt〕*adj.* 準確的
   accuracy[4]〔ˈækjərəsɪ〕*n.* 準確

4. **punch**[3]〔pʌntʃ〕*v.* 用拳頭打
   punctual[6]〔ˈpʌŋktʃʊəl〕*adj.*
   準時的

punch

5. **reason**[1]〔ˈrizn̩〕*n.* 理由
   reasonable[3]〔ˈrizn̩əbḷ〕*adj.*
   合理的

6. **complete**[2]〔kəmˈplit〕*adj.*
   完整的　*v.* 完成
   athlete[3]〔ˈæθlit〕*n.* 運動員

7. **utter**[5]〔ˈʌtɚ〕*adj.* 完全的
   v. 說出
   butter[1]〔ˈbʌtɚ〕*n.* 奶油

8. **absolute**[4]〔ˈæbsəˌlut〕
   adj. 絕對的；完全的
   resolute[6]〔ˈrɛzəˌlut〕
   adj. 堅決的

9. **through**[2]〔θru〕*prep.* 通過；
   藉由
   thorough[4]〔ˈθɝo〕*adj.*
   徹底的

10. **fantastic**[4]〔fænˈtæstɪk〕
    adj. 極好的
    drastic[6]〔ˈdræstɪk〕
    adj. 激烈的；徹底的

11. **radish**[5]〔ˈrædɪʃ〕*n.* 小蘿蔔
    radical[6]〔ˈrædɪkḷ〕*adj.*
    根本的；徹底的

radish

C4 充足・過度

1. **sufficient**[3] 〔 səˋfɪʃənt 〕 *adj.*
   足夠的
   <u>deficient</u> 〔 dɪˋfɪʃənt 〕 *adj.*
   不足的【注意拼字】
   (= *insufficient*)

2. **equate**[5] 〔 ɪˋkwet 〕 *v.* 把…視為
   同等
   <u>adequate</u>[4] 〔 ˋædəkwɪt 〕 *adj.*
   足夠的

3. **abound**[6] 〔 əˋbaʊnd 〕 *v.* 充滿;
   大量存在
   <u>abundant</u>[5] 〔 əˋbʌndənt 〕 *adj.*
   豐富的;充足的
   <u>abundance</u>[6] 〔 əˋbʌndəns 〕 *n.*
   豐富

4. **number**[1] 〔 ˋnʌmbɚ 〕 *n.* 數字;
   號碼
   <u>numerous</u>[4] 〔 ˋnjumərəs 〕
   adj. 非常多的【注意發音】
   <u>innumerable</u>[5] 〔 ɪˋnjumərəbl̩ 〕
   adj. 無數的

5. **ample**[5] 〔 ˋæmpl̩ 〕 *adj.* 豐富的;
   充裕的
   <u>sample</u>[2] 〔 ˋsæmpl̩ 〕 *n.* 樣品;
   範例

6. **plus**[2] 〔 plʌs 〕 *prep.* 加上
   <u>surplus</u>[6] 〔 ˋsɝplʌs 〕 *n.* 剩餘

7. **exceed**[5] 〔 ɪkˋsid 〕 *v.* 超過
   <u>excess</u>[5] 〔 ɪkˋsɛs 〕 *n.* 超過
   <u>excessive</u>[6] 〔 ɪkˋsɛsɪv 〕 *adj.*
   過度的

excessive

8. **extreme**[3] 〔 ɪkˋstrim 〕 *adj.*
   極端的
   <u>extremely</u>[3] 〔 ɪkˋstrimlɪ 〕 *adv.*
   極度地;非常

9. **extra**[2] 〔 ˋɛkstrə 〕 *adj.* 額外的
   <u>extraordinary</u>[4]
   〔 ɪkˋstrɔrdn̩ˌɛrɪ 〕 *adj.* 不尋常的;
   特別的

C5 主要・最高

1. **prime** [4] 〔 praɪm 〕 *adj.* 主要的；
上等的
primary [3] 〔 'praɪˌmɛrɪ 〕 *adj.*
主要的；基本的
primitive [4] 〔 'prɪmətɪv 〕 *adj.*
原始的

primitive man 原始人

2. **signal** [3] 〔 'sɪgnḷ 〕 *n.* 信號
signature [4] 〔 'sɪgnətʃɚ 〕 *n.* 簽名
significant [3] 〔 sɪg'nɪfəkənt 〕
adj. 意義重大的

3. **major** [3] 〔 'medʒɚ 〕 *adj.* 主要的
majority [3] 〔 mə'dʒɔrətɪ 〕 *n.*
大多數

4. **superior** [3] 〔 sə'pɪrɪɚ 〕 *adj.*
較優秀的
inferior [3] 〔 ɪn'fɪrɪɚ 〕 *adj.*
較差的
〔相反詞〕

5. **supreme** [5] 〔 sə'prim 〕 *adj.*
最高的
supreme court 最高法院

6. **most** [1] 〔 most 〕 *adj.* 最多的；
大多數的
utmost [6] 〔 'ʌtˌmost 〕 *adj.*
最大的

7. **maximum** [4]
〔 'mæksəməm 〕 *n.* 最大量
minimum [4] 〔 'mɪnəməm 〕
n. 最小量
〔相反詞〕

8. **prior** [5] 〔 'praɪɚ 〕 *adj.* 之前的
priority [5] 〔 praɪ'ɔrətɪ 〕 *n.*
優先權
priority seat 博愛座

9. **sum** [3] 〔 sʌm 〕 *n.* 總數；金額
summit [3] 〔 'sʌmɪt 〕 *n.* 山頂；
巔峰　*adj.* 高階層的
summit meeting 高峰會議

C6　相關・參與

1. **concern**[3]（kənˈsɜn）n. 關心
   <u>concerning</u>[4]（kənˈsɜnɪŋ）
   prep. 關於（= *about*[1]）

2. **respond**[3]（rɪˈspɑnd）v. 回答；反應
   <u>correspond</u>[4]（ˌkɔrəˈspɑnd）v.
   通信；符合

3. **coin**[2]（kɔɪn）n. 硬幣
   <u>coincide</u>[6]（ˌkoɪnˈsaɪd）v. 與…同時發生
   <u>coincidence</u>[6]（koˈɪnsədəns）n. 巧合

4. **operate**[2]（ˈɑpəˌret）v. 操作；動手術
   <u>cooperate</u>[4]（koˈɑpəˌret）v.
   合作

operate

5. **company**[2]（ˈkʌmpənɪ）n.
   公司；同伴
   <u>accompany</u>[4]（əˈkʌmpənɪ）
   v. 陪伴；伴隨

accompany

6. **relate**[3]（rɪˈlet）v. 使有關連
   <u>relation</u>[2]（rɪˈleʃən）n. 關係
   <u>relationship</u>[2]（rɪˈleʃənˌʃɪp）
   n. 關係

7. **responsible**[2]（rɪˈspɑnsəbḷ）
   adj. 應負責任的
   <u>responsibility</u>[3]
   （rɪˌspɑnsəˈbɪlətɪ）n. 責任

8. **participate**[3]（parˈtɪsəˌpet）
   v. 參加
   <u>participation</u>[4]
   （pɚˌtɪsəˈpeʃən）n. 參與

C7　相似・相異

1. **resemble**⁴〔 rɪ'zɛmbḷ 〕*v.* 像
   resemblance⁶〔 rɪ'zɛmbləns 〕
   n. 相似之處

2. **similar**²〔 'sɪmələ 〕*adj.* 相似的
   similarity³〔 ͵sɪmə'lærətɪ 〕*n.*
   相似之處

3. **approximate**⁶〔 ə'prɑksəmɪt 〕
   adj. 大約的
   approximately⁶
   〔 ə'prɑksəmɪtlɪ 〕*adv.* 大約

4. **analysis**⁴〔 ə'næləsɪs 〕*n.* 分析
   analogy⁶〔 ə'nælədʒɪ 〕*n.* 相似；
   類推

5. **imitate**⁴〔 'ɪmə͵tet 〕*v.* 模仿
   imitation⁴〔 ͵ɪmə'teʃən 〕*n.*
   模仿

6. **tend**³〔 tɛnd 〕*v.* 易於；傾向於
   attend²〔 ə'tɛnd 〕*v.* 參加；
   上（學）；服侍

7. **line**¹〔 laɪn 〕*n.* 線
   incline⁶〔 ɪn'klaɪn 〕*v.* 使傾
   向於

8. **apt**⁵〔 æpt 〕*adj.* 易於…的；
   偏好…的
   aptitude⁶〔 'æptə͵tjud 〕*n.*
   性向；才能

9. **end**¹〔 ɛnd 〕*n. v.* 結束
   trend³〔 trɛnd 〕*n.* 趨勢

10. **differ**⁴〔 'dɪfə 〕*v.* 不同
    difference²〔 'dɪfərəns 〕*n.*
    不同

11. **diverse**⁶〔 də'vɝs , daɪ- 〕
    adj. 各種的
    diversify⁶〔 də'vɝsə͵faɪ , daɪ- 〕
    v. 使多樣化
    diversity⁶〔 də'vɝsətɪ , daɪ- 〕
    n. 多樣性

diverse

C8 區分・摘要

1. **divide**[2]〔dəˋvaɪd〕*v.* 劃分；分割
   <u>division</u>[2]〔dəˋvɪʒən〕*n.* 劃分；
   分配

divide

2. **separate**[2]〔ˋsɛpəˏret〕*v.* 使分
   開；區別
   <u>separation</u>[3]〔ˏsɛpəˋreʃən〕*n.*
   分開

3. **class**[1]〔klæs〕*n.* 班級
   <u>classify</u>[4]〔ˋklæsəˏfaɪ〕*v.* 分類

4. **distinguish**[4]〔dɪˋstɪŋgwɪʃ〕
   v. 分辨
   <u>distinguished</u>[4]〔dɪˋstɪŋgwɪʃt〕
   adj. 卓越的

5. **fine**[1]〔faɪn〕*adj.* 好的
   <u>refine</u>[6]〔rɪˋfaɪn〕*v.* 精煉；
   使文雅

6. **distinct**[4]〔dɪˋstɪŋkt〕
   adj. 不同的
   <u>distinction</u>[5]〔dɪˋstɪŋkʃən〕
   n. 差別
   <u>distinctive</u>[5]〔dɪˋstɪŋktɪv〕
   adj. 獨特的

7. **except**[1]〔ɪkˋsɛpt〕*prep.* 除了
   <u>exception</u>[4]〔ɪkˋsɛpʃən〕*n.*
   例外

8. **sum**[3]〔sʌm〕*n.* 總數；金額
   <u>summary</u>[3]〔ˋsʌmərɪ〕*n.*
   摘要

9. **contract**[3]〔ˋkɑntrækt〕*n.* 合約
   <u>contrast</u>[4]〔ˋkɑntræst〕
   n. 對比

10. **isolate**[4]〔ˋaɪslˏet〕*v.* 使隔離
    <u>isolation</u>[4]〔ˏaɪslˋeʃən〕*n.*
    隔離

isolation

C9　個別‧獨特

1. **person**[1]〔ˈpɝsn̩〕 n. 人
   <u>personal</u>[2]〔ˈpɝsn̩l̩〕 adj.
   個人的
   <u>personality</u>[3]〔ˌpɝsn̩ˈælətɪ〕 n.
   個性

2. **private**[2]〔ˈpraɪvɪt〕 adj. 私人的
   <u>privacy</u>[4]〔ˈpraɪvəsɪ〕 n.
   隱私權

3. **gradual**[3]〔ˈgrædʒʊəl〕 adj.
   逐漸的
   <u>individual</u>[3]〔ˌɪndəˈvɪdʒʊəl〕
   adj. 個別的　 n. 個人

4. **sole**[5]〔sol〕 adj. 唯一的
   (= *only*[1])
   <u>solitary</u>[5]〔ˈsɑləˌtɛrɪ〕 adj.
   孤獨的

solitary

5. **single**[2]〔ˈsɪŋgl̩〕 adj. 單一的；
   單身的
   <u>singular</u>[4]〔ˈsɪŋgjələ〕 adj.
   單數的

6. **unique**[4]〔juˈnik〕 adj. 獨特的
   <u>technique</u>[3]〔tɛkˈnik〕 n.
   技術；方法

unique

7. **particular**[2]〔pəˈtɪkjələ〕
   adj. 特別的
   <u>particularly</u>[2]〔pəˈtɪkjələlɪ〕
   adv. 特別是；尤其

8. **specify**[6]〔ˈspɛsəˌfaɪ〕 v. 明確
   指出
   <u>specific</u>[3]〔spɪˈsɪfɪk〕 adj.
   特定的

9. **rare**[2]〔rɛr〕 adj. 罕見的
   <u>dare</u>[3]〔dɛr〕 v. 敢

C10 部分・範圍

1. **part**[1] 〔 part 〕 *n.* 部分　*v.* 分開
   partial[4] 〔'parʃəl 〕 *adj.* 部分的
   partly[5] 〔'partlɪ 〕 *adv.* 部分地

2. **section**[2] 〔'sɛkʃən 〕 *n.* 部分
   sector[6] 〔'sɛktɚ 〕 *n.* 部門

3. **portion**[3] 〔'porʃən 〕 *n.* 部分
   abortion[5] 〔 ə'bɔrʃən 〕 *n.* 墮胎

4. **hare** 〔 hɛr 〕 *n.* 野兔
   share[2] 〔 ʃɛr 〕 *n.* 一份

5. **segment**[5] 〔'sɛgmənt 〕 *n.* 部分
   fragment[6] 〔'frægmənt 〕 *n.*
   碎片

fragment

6. **article**[2,4] 〔'artɪkḷ 〕 *n.* 文章；
   條款；項目；物品
   particle[5] 〔'partɪkḷ 〕 *n.* 粒子

7. **item**[2] 〔'aɪtəm 〕 *n.* 項目
   system[3] 〔'sɪstəm 〕 *n.* 系統

8. **cater**[6] 〔'ketɚ 〕 *v.* 迎合
   category[5] 〔'kætə,gorɪ 〕 *n.*
   範疇；類別

9. **spear**[4] 〔 spɪr 〕 *n.* 矛
   species[4] 〔'spiʃɪz 〕
   n. 物種【單複數同形】　spear

10. **strict**[2] 〔 strɪkt 〕 *adj.* 嚴格的
    district[4] 〔'dɪstrɪkt 〕 *n.* 地區

11. **area**[1] 〔'ɛrɪə,'erɪə 〕 *n.* 地區
    arena[5] 〔 ə'rinə 〕 *n.* 競技場

12. **region**[2] 〔'ridʒən 〕 *n.* 地區
    regional[3] 〔'ridʒənḷ 〕 *adj.*
    區域性的

13. **territory**[3] 〔'tɛrə,torɪ 〕
    n. 領土
    dormitory[4,5] 〔'dɔrmə,torɪ 〕
    n. 宿舍 (= *dorm*)

Group D 情景 / 感受

D1 普通・單純

1. **norm**[6] 〔 nɔrm 〕 *n.* 標準；規範
   <u>normal</u>[3] 〔'nɔrml̩ 〕 *adj.* 正常的
   <u>abnormal</u>[6] 〔 æb'nɔrml̩ 〕 *adj.*
   不正常的

2. **ordinary**[2] 〔'ɔrdn̩,ɛrɪ 〕
   adj. 普通的
   <u>extraordinary</u>[4]
   〔 ɪk'strɔrdn̩,ɛrɪ 〕 *adj.*
   不尋常的；特別的 ⎫ 相反詞

3. **regular**[2] 〔'rɛgjələ 〕 *adj.* 規律
   的；定期的
   <u>regulate</u>[4] 〔'rɛgjə,let 〕 *v.* 管制
   <u>regulation</u>[4] 〔,rɛgjə'leʃən 〕 *n.*
   規定

4. **frequent**[3] 〔'frikwənt 〕 *adj.*
   經常的
   <u>frequently</u>[3] 〔'frikwəntlɪ 〕 *adv.*
   經常
   <u>frequency</u>[4] 〔'frikwənsɪ 〕 *n.*
   頻繁；頻率

5. **Ted** 〔 tɛd 〕 *n.* 泰德（男子名）
   <u>tedious</u>[6] 〔'tidɪəs 〕 *adj.* 乏味的

6. **common**[1] 〔'kamən 〕 *adj.*
   常見的
   <u>commonplace</u>[5]
   〔'kamən,ples 〕 *adj.* 普通的；
   平常的 ⎱ 同義字
   Tourists are { *common* / *commonplace* }
   in Taipei.
   在台北常見到觀光客。

7. **sane**[6] 〔 sen 〕 *adj.* 頭腦清醒的
   <u>insane</u> 〔 ɪn'sen 〕 *adj.* 發瘋的

8. **simply**[2] 〔'sɪmplɪ 〕 *adv.* 僅僅
   <u>simplify</u>[6] 〔'sɪmplə,faɪ 〕 *v.* 簡化
   <u>simplicity</u>[6] 〔 sɪm'plɪsətɪ 〕 *n.*
   簡單；簡樸

9. **route**[4] 〔 rut 〕 *n.* 路線
   <u>routine</u>[3] 〔 ru'tin 〕 *n.* 例行公事

10. **lamb**[1] 〔 læm 〕 *n.* 羔羊
    <u>tame</u>[3] 〔 tem 〕 *adj.* 溫馴的
    v. 馴服

D2 奇妙・模糊・複雜

1. **peck**[5] 〔 pɛk 〕 v. 啄食
   <u>peculiar</u>[4] 〔 pɪ'kjuljɚ 〕 *adj.*
   獨特的

2. **center**[1] 〔'sɛntɚ 〕 n. 中心
   (= *centre*【英式用法】)
   <u>eccentric</u>[6] 〔 ɪk'sɛntrɪk 〕 *adj.*
   古怪的
   <u>electric</u>[3] 〔 ɪ'lɛktrɪk 〕 *adj.* 電的

3. **odd**[3] 〔 ɑd 〕 *adj.* 古怪的
   <u>odds</u>[5] 〔 ɑdz 〕 *n.pl.* 獲勝的可能性

4. **mystery**[3] 〔'mɪstrɪ 〕 *n.* 奧秘；謎
   <u>mysterious</u>[4] 〔 mɪs'tɪrɪəs 〕 *adj.*
   神秘的

5. **title**[2] 〔'taɪtl̩ 〕 *n.* 標題；名稱；頭銜
   <u>subtle</u>[6] 〔'sʌtl̩ 〕 *adj.* 微妙的；
   細膩的

6. **cure**[2] 〔 kjur 〕 v. 治療
   <u>obscure</u>[6] 〔 əb'skjur 〕 *adj.*
   模糊的

7. **vague**[5] 〔 veg 〕 *adj.*
   模糊的；不明確的
   <u>vogue</u>[6] 〔 vog 〕
   n. 流行 (= *fashion*[3])

8. **ambiguous**[6] 〔 æm'bɪgjuəs 〕
   adj. 含糊的；模稜兩可的
   <u>ambiguity</u>[6] 〔ˌæmbɪ'gjuətɪ 〕
   n. 含糊

9. **fail**[2] 〔 fel 〕 v. 失敗
   <u>faint</u>[3] 〔 fent 〕 v. 昏倒

10. **complex**[3]
    〔 kəm'plɛks , 'kɑmplɛks 〕 *adj.*
    複雜的
    <u>complexity</u>[6] 〔 kəm'plɛksətɪ 〕
    n. 複雜
    <u>complexion</u>[6] 〔 kəm'plɛkʃən 〕
    n. 膚色

11. **decorate**[2] 〔'dɛkəˌret 〕 v. 裝飾
    <u>elaborate</u>[5] 〔 ɪ'læbərɪt 〕 *adj.*
    精巧的

12. **complicate**[4] 〔'kɑmpləˌket 〕
    v. 使複雜
    <u>complication</u>[6]
    〔ˌkɑmplə'keʃən 〕 *n.* 複雜

13. **serious**[2] 〔'sɪrɪəs 〕 *adj.*
    嚴重的；嚴肅的
    <u>various</u>[3] 〔'vɛrɪəs 〕 *adj.* 各式
    各樣的

D3　增加・伸展

1. **add**[1] 〔 æd 〕 *v.* 增加

   addition[2] 〔 əˈdɪʃən 〕 *n.* 增加

   additional[3] 〔 əˈdɪʃənḷ 〕 *adj.*
   附加的；額外的

2. **increase**[2] 〔 ɪnˈkris 〕 *v.*
   增加 　　　　　　　 ｝ 相反詞

   decrease[4] 〔 dɪˈkris 〕 *v.*
   減少

3. **expand**[4] 〔 ɪkˈspænd 〕 *v.* 擴大

   expansion[4] 〔 ɪkˈspænʃən 〕 *n.*
   擴大

4. **avail** 〔 əˈvel 〕 *v.* 有用
   n. 利益；效用

   prevail[5] 〔 prɪˈvel 〕 *v.* 普及；
   盛行

5. **sketch**[4] 〔 skɛtʃ 〕 *n.* 素描

   stretch[2] 〔 strɛtʃ 〕 *v.* 拉長；
   伸展

sketch

6. **long**[1] 〔 lɔŋ 〕 *adj.* 長的

   prolong[5] 〔 prəˈlɔŋ 〕 *v.* 延長

7. **extend**[4] 〔 ɪkˈstɛnd 〕 *v.* 延伸；
   延長

   extension[5] 〔 ɪkˈstɛnʃən 〕 *n.*
   延伸；（電話）分機

   extensive[5] 〔 ɪkˈstɛnsɪv 〕 *adj.*
   大規模的

8. **well**[1] 〔 wɛl 〕 *adv.* 很好

   swell[3] 〔 swɛl 〕 *v.* 膨脹；腫起來

swell

9. **explode**[3] 〔 ɪkˈsplod 〕 *v.* 爆炸

   explosion[4] 〔 ɪkˈsploʒən 〕 *n.*
   爆炸

   explosive[4] 〔 ɪkˈsplosɪv 〕 *adj.*
   爆炸性的　　*n.* 炸藥

10. **range**[2] 〔 rendʒ 〕 *n.* 範圍
    v. （範圍）包括

    arrange[2] 〔 əˈrendʒ 〕 *v.* 安排；
    排列

D4 驚人・龐大

1. **start**[1] 〔 start 〕 v. 開始
   <u>startle</u>[5] 〔'startl̩〕 v. 使嚇一跳

2. **astonish**[5] 〔 ə'stɑnıʃ 〕 v. 使驚訝
   <u>astonishment</u>[5]
   〔 ə'stɑnıʃmənt 〕 n. 驚訝

3. **maze** 〔 mez 〕 n. 迷宮
   <u>amaze</u>[3] 〔 ə'mez 〕 v. 使驚訝
   <u>amazement</u>[3] 〔 ə'mezmənt 〕
   n. 驚訝

4. **arm**[1,2] 〔 ɑrm 〕 n. 手臂
   v. 武裝
   <u>alarm</u>[2] 〔 ə'lɑrm 〕 v. 使驚慌
   n. 警鈴
   <u>alarm clock</u> 鬧鐘

5. **vest**[3] 〔 vɛst 〕 n. 背心
   <u>vast</u>[4] 〔 væst 〕 adj. 巨大的

6. **men**[1] 〔 mɛn 〕 n. pl. 男人
   <u>immense</u>[5] 〔 ı'mɛns 〕 adj.
   巨大的；廣大的

7. **tree**[1] 〔 tri 〕 n. 樹
   <u>tremendous</u>[4] 〔 trı'mɛndəs 〕
   adj. 巨大的

8. **awe**[5] 〔 ɔ 〕 n. 敬畏
   <u>awful</u>[3] 〔'ɔfl̩〕 adj. 可怕的
   <u>awesome</u>[6] 〔'ɔsəm 〕 adj. 令人敬
   畏的；很棒的

9. **terrify**[4] 〔'tɛrə,faı 〕 v. 使害怕
   <u>terrible</u>[2] 〔'tɛrəbl̩〕 adj. 可怕的
   <u>terrific</u>[2] 〔 tə'rıfık 〕 adj. 很棒的

10. **horror**[3] 〔'hɔrɚ,'hɑrɚ 〕 n. 恐怖
    <u>horrify</u>[4] 〔'hɔrə,faı,'hɑrə,faı 〕
    v. 使驚嚇
    <u>horrible</u>[3] 〔'hɔrəbl̩,'hɑrəbl̩ 〕
    adj. 可怕的

horrify

11. **miracle**[3] 〔'mırəkl̩ 〕 n. 奇蹟
    <u>miraculous</u>[6] 〔 mə'rækjələs 〕
    adj. 奇蹟般的

D5　瞬間・微小

1. **prompt**[4]〔prɑmpt〕*adj.* 迅速的
   <u>promptly</u>[4]〔'prɑmptlɪ〕*adv.*
   迅速地

2. **bankrupt**[4]〔'bæŋkrʌpt〕*adj.*
   破產的
   <u>abrupt</u>[5]〔ə'brʌpt〕*adj.* 突然的
   <u>abruptly</u>[5]〔ə'brʌptlɪ〕*adv.*
   突然地

3. **moment**[1]〔'momənt〕*n.* 片刻；
   時刻
   <u>momentary</u>〔'momən,tɛrɪ〕*adj.*
   瞬間的；片刻的

4. **brief**[2]〔brif〕*adj.* 簡短的
   <u>brevity</u>〔'brɛvətɪ〕*n.* 簡短

5. **tie**[1]〔taɪ〕*v.* 綁；
   打（結）　*n.* 領帶
   <u>tiny</u>[1]〔'taɪnɪ〕*adj.* 微小的

tie

6. **minute**[1]〔'mɪnɪt〕*n.* 分鐘
   <u>minute</u>[1]〔maɪ'njut〕*adj.*
   微小的 ⎫ 同字異音異義

7. **trip**[1]〔trɪp〕*n.* 旅行　*v.* 絆倒
   <u>trivial</u>[6]〔'trɪvɪəl〕*adj.* 瑣碎的
   <u>trifle</u>[5]〔'traɪfḷ〕*n.* 瑣事

8. **light**[1]〔laɪt〕*n.* 燈
   <u>slight</u>[4]〔slaɪt〕*adj.* 輕微的

9. **lender**〔'lɛndɚ〕*n.* 出借的人
   <u>slender</u>[2]〔'slɛndɚ〕*adj.*
   苗條的

slender

10. **fee**[2]〔fi〕*n.* 費用
    <u>feeble</u>[5]〔'fibḷ〕*adj.* 虛弱的

11. **reduce**[3]〔rɪ'djus〕*v.* 減少
    <u>reduction</u>[4]〔rɪ'dʌkʃən〕*n.*
    減少

12. **dim**[3]〔dɪm〕*adj.* 昏暗的
    <u>diminish</u>[6]〔də'mɪnɪʃ〕*v.*
    減少

D6 樣子・光景

1. **found**[3] 〔 faʊnd 〕 *v.* 建立

   <u>profound</u>[6] 〔 prə'faʊnd 〕 *adj.*
   深奧的

2. **severe**[4] 〔 sə'vɪr 〕 *adj.* 嚴格的

   <u>persevere</u>[6] 〔 ˌpɝsə'vɪr 〕 *v.*
   堅忍；不屈不撓

3. **ready**[1] 〔 'rɛdɪ 〕 *adj.* 準備好的

   <u>steady</u>[3] 〔 'stɛdɪ 〕 *adj.* 穩定的

4. **table**[1] 〔 'tebḷ 〕 *n.* 桌子

   <u>stable</u>[3] 〔 'stebḷ 〕 *adj.* 穩定的

5. **secure**[5] 〔 sɪ'kjʊr 〕 *adj.* 安全的

   <u>security</u>[3] 〔 sɪ'kjʊrətɪ 〕 *n.* 安全；
   防護措施

security guard 警衛

6. **lose**[2] 〔 luz 〕 *v.* 遺失

   <u>loose</u>[3] 〔 lus 〕 *adj.* 鬆的

loose

7. **act**[1] 〔 ækt 〕 *n.* 行爲

   <u>actual</u>[3] 〔 'æktʃʊəl 〕 *adj.* 實際的

   <u>actually</u>[3] 〔 'æktʃʊəlɪ 〕 *adv.*
   實際上

8. **real**[1] 〔 'rɪəl 〕 *adj.* 眞的

   <u>authentic</u>[6] 〔 ɔ'θɛntɪk 〕
   adj. 眞正的

   <u>genuine</u>[4] 〔 'dʒɛnjʊɪn 〕
   adj. 眞正的

   〕同義字

9. **flexible**[4] 〔 'flɛksəbḷ 〕 *adj.*
   有彈性的

   <u>inflexible</u>[4] 〔 ɪn'flɛksəbḷ 〕
   adj. 沒彈性的

   〕相反詞

flexible

D7　內外・垂直・平行

1. **face**[1] 〔 fes 〕 *n.* 臉　*v.* 面對；
   使面對
   surface[2] 〔'sɝfɪs 〕 *n.* 表面

2. **rear**[5] 〔 rɪr 〕 *v.* 養育　*n.* 後面
   rear-view mirror　後照鏡

3. **internal**[3] 〔 ɪn'tɝnl̩ 〕 *adj.*
   內部的　⎫
   external[5] 〔 ɪk'stɝnl̩ 〕 *adj.*　相反詞
   外部的　⎭

4. **interior**[5] 〔 ɪn'tɪrɪə 〕 *adj.*
   內部的　⎫
   exterior[5] 〔 ɪk'stɪrɪə 〕 *adj.*　相反詞
   外面的　*n.* 外部　⎭

5. **inn**[3] 〔 ɪn 〕 *n.* 小旅館
   inner[3] 〔'ɪnə 〕 *adj.* 內部的

6. **mutual**[4] 〔'mjutʃʊəl 〕 *adj.*
   互相的
   eventual[4] 〔 ɪ'vɛntʃʊəl 〕 *adj.*
   最後的

7. **verse**[3] 〔 vɝs 〕 *n.* 韻文；詩
   reverse[5] 〔 rɪ'vɝs 〕 *adj.* 顛倒的

8. **right**[1] 〔 raɪt 〕 *adj.* 對的；右邊的
   n. 權利；右邊
   upright[5] 〔'ʌp‚raɪt 〕 *adj.* 直立的

9. **vertical**[5] 〔'vɝtɪkl̩ 〕 *adj.*
   垂直的　⎫
   horizontal[5]　相反詞
   〔‚hɔrə'zɑntl̩ 〕 *adj.* 水平的　⎭

10. **level**[1] 〔'lɛvl̩ 〕 *n.* 程度；水平
    travel[2] 〔'trævl̩ 〕 *v.* 旅行；
    行進

11. **paradise**[3] 〔'pærə‚daɪs 〕 *n.*
    天堂；樂園
    parallel[5] 〔'pærə‚lɛl 〕
    adj. 平行的

    parallel

12. **central**[2] 〔'sɛntrəl 〕 *adj.* 中央的
    neutral[6] 〔'njutrəl 〕 *adj.*
    中立的

13. **medium**[3] 〔'midɪəm 〕 *adj.*
    中等的
    media[3] 〔'midɪə 〕 *n. pl.* 媒體

D8 感受・感覺

1. **sense**[1] 〔 sɛns 〕 *n.* 感覺
   common sense 常識

2. **sensitive**[3] 〔'sɛnsətɪv 〕 *adj.*
   敏感的
   sensible[3] 〔'sɛnsəbḷ 〕 *adj.*
   明智的
   sensitivity[5] 〔,sɛnsə'tɪvəti 〕 *n.*
   敏感

3. **sensation**[5] 〔 sɛn'seʃən 〕 *n.* 轟動
   sensational 〔 sɛn'seʃənḷ 〕 *adj.*
   轟動的

4. **our**[1] 〔 aʊr 〕 *pron.* 我們的
   sour[1] 〔 saʊr 〕 *adj.* 酸的

5. **sore**[3] 〔 sor , sɔr 〕 *adj.* 疼痛的
   sore throat 喉嚨痛
   sore feet 腳痛

6. **acid**[4] 〔'æsɪd 〕 *adj.* 酸性的
   acid rain 酸雨

7. **taste**[1] 〔 test 〕 *v.* 嚐起來 *n.* 品味
   tasty[2] 〔'testɪ 〕 *adj.* 美味的

8. **cent**[1] 〔 sɛnt 〕 *n.* 分 ⎫ 同
   scent[5] 〔 sɛnt 〕 *n.* 氣味 ⎭ 音字

9. **bit**[1] 〔 bɪt 〕 *n.* 一點點
   bitter[2] 〔'bɪtɚ 〕 *adj.* 苦的

10. **chill**[3] 〔 tʃɪl 〕 *n.* 寒冷
    chilly[3] 〔'tʃɪlɪ 〕 *adj.* 寒冷的

11. **dam**[3] 〔 dæm 〕 *n.* 水壩
    damp[4] 〔 dæmp 〕 *adj.* 潮濕的

12. **moist**[3] 〔 mɔɪst 〕 *adj.* 潮濕的
    moisture[3] 〔'mɔɪstʃɚ 〕 *n.* 濕氣；
    水分

13. **oak**[3] 〔 ok 〕 *n.* 橡樹
    soak[5] 〔 sok 〕
    v. 浸泡；使溼透

oak

14. **hard**[1] 〔 hɑrd 〕 *adj.* 困難的
    adv. 努力地
    harsh[4] 〔 hɑrʃ 〕 *adj.* 嚴厲的

15. **rough**[3] 〔 rʌf 〕 *adj.* 粗糙的
    roughly[4] 〔'rʌflɪ 〕 *adv.* 大約

D9　健康‧疾病

1. **digest**[4]〔daɪˈdʒɛst〕*v.* 消化
   〔ˈdaɪdʒɛst〕*n.* 文摘
   <u>digestion</u>[4]〔daɪˈdʒɛstʃən〕*n.*
   消化

2. **whole**[1]〔hol〕*adj.* 全部的；
   整個的
   <u>wholesome</u>[5]〔ˈholsəm〕*adj.*
   有益健康的

3. **appetite**[2]〔ˈæpəˌtaɪt〕*n.* 食慾
   <u>appetizer</u>〔ˈæpəˌtaɪzɚ〕*n.*
   開胃菜

4. **starve**[3]〔starv〕*v.* 饑餓；餓死
   <u>starvation</u>[6]〔starˈveʃən〕*n.*
   饑餓；餓死

5. **exhaust**[4]〔ɪgˈzɔst〕*v.* 使筋疲
   力盡　*n.* 廢氣
   <u>exhausted</u>〔ɪgˈzɔstɪd〕*adj.*
   筋疲力盡的
   I'm exhausted. 我很累。

6. **infect**[4]〔ɪnˈfɛkt〕*v.* 傳染；感染
   <u>infection</u>[4]〔ɪnˈfɛkʃən〕*n.* 感染
   <u>infectious</u>[6]〔ɪnˈfɛkʃəs〕*adj.*
   傳染性的

7. **epidemic**[6]〔ˌɛpəˈdɛmɪk〕*n.*
   傳染病　*adj.* 傳染性的
   <u>academic</u>[4]〔ˌækəˈdɛmɪk〕*adj.*
   學術的

8. **fat**[1]〔fæt〕*adj.* 胖的
   <u>fatigue</u>[5]〔fəˈtig〕*n.* 疲勞

9. **cancer**[2]〔ˈkænsɚ〕*n.* 癌症
   <u>lung cancer</u> 肺癌

10. **weary**[5]〔ˈwɪrɪ〕*adj.* 疲倦的
    <u>dreary</u>[6]〔ˈdrɪrɪ〕*adj.*（天氣）陰
    沈的；無聊的

11. **play**[1]〔ple〕*v.* 玩　*n.* 戲劇
    <u>plague</u>[5]〔pleg〕*n.* 瘟疫

12. **poison**[2]〔ˈpɔɪzn̩〕*n.* 毒藥
    <u>poisonous</u>[4]〔ˈpɔɪznəs〕*adj.*
    有毒的

13. **pollute**[3]〔pəˈlut〕*v.* 污染
    <u>pollution</u>[4]〔pəˈluʃən〕*n.*
    污染

14. **medical**[3]〔ˈmɛdɪkl̩〕*adj.* 醫學的
    <u>medicine</u>[2]〔ˈmɛdəsn̩〕*n.* 藥

D10 其他重要形容詞

1. **cute**[1] 〔 kjut 〕 *adj.* 可愛的
   <u>acute</u>[6] 〔 ə'kjut 〕 *adj.* 急性的
   （↔ *chronic*[6] *adj.* 慢性的）

2. **conserve**[5] 〔 kən'sɝv 〕 *v.* 節省；
   保護
   <u>conservative</u>[4] 〔 kən'sɝvətɪv 〕
   adj. 保守的

3. **constant**[3] 〔 'kɑnstənt 〕 *adj.*
   不斷的
   <u>instant</u>[2] 〔 'ɪnstənt 〕 *adj.* 立即的
   <u>instant noodles</u> 速食麵

4. **content**[4] 〔 'kɑntɛnt 〕 *n.* 內容
   〔 kən'tɛnt 〕 *adj.* 滿足的
   <u>contentment</u>[4] 〔 kən'tɛntmənt 〕
   n. 滿足

5. **definite**[4] 〔 'dɛfənɪt 〕 *adj.* 明確的
   <u>definition</u>[3] 〔 ˌdɛfə'nɪʃən 〕 *n.*
   定義

6. **eloquent**[6] 〔 'ɛləkwənt 〕
   adj. 雄辯的；口才好的
   <u>delinquent</u>[6] 〔 dɪ'lɪŋkwənt 〕
   n. 犯罪者

7. **office**[1] 〔 'ɔfɪs 〕 *n.* 辦公室
   <u>official</u>[2] 〔 ə'fɪʃəl 〕 *adj.* 正式的
   n. 官員；公務員

8. **remote**[3] 〔 rɪ'mot 〕 *adj.* 遙遠的；
   偏僻的
   <u>remote control</u> 遙控

9. **super**[1] 〔 'supɚ 〕 *adj.* 極好的；
   超級的
   <u>superficial</u>[5] 〔 ˌsupɚ'fɪʃəl 〕
   adj. 表面的

10. **tranquil**[6] 〔 'træŋkwɪl 〕 *adj.*
    寧靜的
    <u>tranquilizer</u>[6]
    〔 'træŋkwɪˌlaɪzɚ 〕 *n.* 鎮靜劑

Group E 意志 / 態度

E1 期望・目的

1. **intend**[4] 〔 ɪnˈtɛnd 〕 v. 打算
   intention[4] 〔 ɪnˈtɛnʃən 〕 n.
   企圖

2. **expect**[2] 〔 ɪkˈspɛkt 〕 v. 期待
   expectation[3] 〔 ͵ɛkspɛkˈteʃən 〕
   n. 期望

3. **project**[2] 〔ˈprɑdʒɛkt 〕 n. 計畫
   〔 prəˈdʒɛkt 〕 v. 投射
   projection[6] 〔 prəˈdʒɛkʃən 〕 n.
   投射；突出物

4. **cherry**[3] 〔ˈtʃɛrɪ 〕 n. 櫻桃
   cherish[4] 〔ˈtʃɛrɪʃ 〕 v. 珍惜；
   心中懷有

cherry

5. **year**[1] 〔 jɪr 〕 n. 年
   yearn[6] 〔 jɝn 〕 v. 渴望

6. **idea**[1] 〔 aɪˈdiə 〕 n. 想法
   ideal[3] 〔 aɪˈdiəl 〕 adj. 理想的

7. **desire**[2] 〔 dɪˈzaɪr 〕 n. 慾望；渴望
   desirable[3] 〔 dɪˈzaɪrəbḷ 〕 adj.
   合意的

8. **object**[2] 〔ˈɑbdʒɛkt 〕 n. 物體；目的
   objective[4] 〔 əbˈdʒɛktɪv 〕 adj.
   客觀的

9. **purple**[1] 〔ˈpɝpḷ 〕 adj. 紫色的
   n. 紫色
   purpose[1] 〔ˈpɝpəs 〕 n. 目的

10. **aim**[2] 〔 em 〕 n. 目標
    claim[2] 〔 klem 〕 v. 宣稱；要求

11. **ambition**[3] 〔 æmˈbɪʃən 〕 n.
    抱負
    ambitious[4] 〔 æmˈbɪʃəs 〕 adj.
    有抱負的

ambitious

E2 奮鬥・忍耐

1. **drive**[1] 〔 draɪv 〕 v. 開車
   <u>strive</u>[4] 〔 straɪv 〕 v. 努力

2. **endanger**[4] 〔 ɪn'dendʒɚ 〕 v. 危害
   <u>endeavor</u>[5] 〔 ɪn'dɛvɚ 〕 v. 努力

endeavor

3. **tolerate**[4] 〔'tɑlə,ret 〕 v. 容忍
   <u>tolerance</u>[4] 〔'tɑlərəns 〕 n. 容忍；
   寬容

4. **endure**[4] 〔 ɪn'djʊr 〕 v. 忍受
   (= *tolerate*[4] = *bear*[2] = *stand*[1]
   = *put up with*)
   <u>endurance</u>[6] 〔 ɪn'djʊrəns 〕 n.
   忍耐

endure

5. **practice**[1] 〔'præktɪs 〕 v. n.
   練習
   <u>practical</u>[3] 〔'præktɪkl̩ 〕 adj.
   實際的

6. **patient**[2] 〔'peʃənt 〕 adj. 有耐
   心的   n. 病人
   <u>patience</u>[3] 〔'peʃəns 〕 n.
   耐心

patient

7. **venture**[5] 〔'vɛntʃɚ 〕 v. 冒險
   n. 冒險的事業
   <u>adventure</u>[3] 〔 əd'vɛntʃɚ 〕
   n. 冒險

8. **try**[1] 〔 traɪ 〕 v. 嘗試
   <u>trial</u>[2] 〔'traɪəl 〕 n. 審判；
   試驗

trial

E3　競爭・勝利

1. **struggle**[2] 〔'strʌgl 〕 *v.* 掙扎
   <u>smuggle</u>[6] 〔'smʌgl 〕 *v.* 走私

2. **compete**[3] 〔kəm'pit 〕 *v.* 競爭
   <u>competition</u>[4] 〔ˌkɑmpə'tɪʃən 〕
   n. 競爭

3. **extend**[4] 〔ɪk'stɛnd 〕 *v.* 延伸；
   延長
   <u>contend</u>[5] 〔kən'tɛnd 〕 *v.* 爭奪；
   爭論
   I will contend for the award.
   我要爭取得獎。

4. **eat**[1] 〔 it 〕 *v.* 吃
   <u>defeat</u>[4] 〔dɪ'fit 〕 *v.* 打敗
   I will defeat him. 我會打敗他。

5. **conquer**[4] 〔'kɑŋkə 〕 *v.* 征服
   <u>conquest</u>[6] 〔'kɑŋkwɛst 〕 *n.* 征服

6. **render**[6] 〔'rɛndə 〕 *v.* 使變成
   <u>surrender</u>[4] 〔sə'rɛndə 〕 *v.*
   投降

7. **over**[1] 〔'ovə 〕 *prep.* 在…上面
   <u>overcome</u>[4] 〔ˌovə'kʌm 〕 *v.*
   克服
   <u>overwhelm</u>[5] 〔ˌovə'hwɛlm 〕 *v.*
   壓倒；使無法承受

8. **field**[2] 〔 fild 〕 *n.* 田野
   <u>yield</u>[5] 〔 jild 〕 *v.* 出產；屈服

9. **permit**[3] 〔pə'mɪt 〕 *v.* 允許
   <u>submit</u>[5] 〔səb'mɪt 〕 *v.* 服從；
   屈服；提出

10. **victor**[6] 〔'vɪktə 〕 *n.* 勝利者
    <u>victory</u>[2] 〔'vɪktrɪ 〕 *n.* 勝利
    <u>victorious</u>[6] 〔vɪk'torɪəs 〕 *adj.*
    勝利的

11. **triumph**[4] 〔'traɪəmf 〕 *n.* 勝利
    <u>triumphant</u>[6] 〔 traɪ'ʌmfənt 〕
    adj. 得意洋洋的
    <u>triumphantly</u>[6]
    〔 traɪ'ʌmfəntlɪ 〕 *adv.* 得意洋洋地

triumphantly

E4 爭吵・戰亂

1. **quarrel**[3] 〔'kwɔrəl〕 *n. v.* 爭吵
   <u>barrel</u>[3] 〔'bærəl〕 *n.* 一桶

2. **avenge** 〔ə'vɛndʒ〕 *v.* 替…報仇
   <u>revenge</u>[4] 〔rɪ'vɛndʒ〕 *n.* 報仇
   He will avenge us.
   = He will get revenge for us.
   他將替我們報仇。

3. **curb**[5] 〔kɝb〕 *n.* (人行道旁的)
   邊石
   <u>curse</u>[4] 〔kɝs〕 *v. n.* 詛咒

   curb

4. **bat**[1] 〔bæt〕 *n.* 球棒；蝙蝠
   <u>battle</u>[2] 〔'bætl̩〕 *n.* 戰役

5. **conflict**[2] 〔'kɑnflɪkt〕 *n.* 衝突
   <u>afflict</u> 〔ə'flɪkt〕 *v.* 折磨；讓…
   受苦

6. **hostile**[5] 〔'hɑstl̩, 'hɑstɪl〕 *adj.*
   敵對的；有敵意的
   <u>hostility</u>[6] 〔hɑs'tɪlətɪ〕 *n.* 敵意

7. **rebel**[4] 〔rɪ'bɛl〕 *v.* 反叛
   〔'rɛbl̩〕 *n.* 叛徒
   <u>rebellion</u>[6] 〔rɪ'bɛljən〕 *n.* 叛亂

8. **revolution**[4] 〔,rɛvə'luʃən〕 *n.*
   革命；重大改革
   <u>revolutionary</u>[4]
   〔,rɛvə'luʃən,ɛrɪ〕 *adj.* 革命性的

9. **hate**[1] 〔het〕 *v.* 恨；討厭
   <u>hatred</u>[4] 〔'hetrɪd〕 *n.* 憎恨

10. **threat**[3] 〔θrɛt〕 *n.* 威脅
    <u>threaten</u>[3] 〔'θrɛtn̩〕 *v.* 威脅

11. **military**[2] 〔'mɪlə,tɛrɪ〕 *adj.*
    軍事的
    <u>militant</u>[6] 〔'mɪlətənt〕 *adj.*
    好戰的

12. **riot**[6] 〔'raɪət〕 *n.* 暴動
    <u>chariot</u>[6] 〔'tʃærɪət〕 *n.* 兩輪
    戰車
    <u>patriot</u>[5] 〔'petrɪət〕 *n.* 愛國者

    chariot

E5　接近・捕捉

1. **poach**〔potʃ〕*v.* 偷獵；
   水煮（荷包蛋）
   <u>approach</u>[3]〔əˈprotʃ〕
   v. 接近　*n.* 方法
   poached egg
   水煮荷包蛋

2. **pursue**[3]〔pɚˈsu〕*v.* 追求
   <u>pursuit</u>[4]〔pɚˈsut〕*n.* 追求

3. **vase**[3]〔ves〕*n.* 花瓶
   <u>chase</u>[1]〔tʃes〕*v.* 追趕

4. **overtake**[4]〔ˌovɚˈtek〕*v.* 趕上
   <u>overturn</u>[6]〔ˌovɚˈtɝn〕
   v. 打翻；推翻
   <u>overthrow</u>[4]〔ˌovɚˈθro〕
   v. 打翻；推翻
   ｝同義字

5. **size**[1]〔saɪz〕*n.* 尺寸
   <u>seize</u>[3]〔siz〕*v.* 抓住

6. **tact**[6]〔tækt〕*n.* 機智
   <u>contact</u>[2]〔ˈkɑntækt〕*n.* 接觸；
   聯絡

7. **gasp**[5]〔gæsp〕*v.* 喘氣；屏息
   <u>grasp</u>[3]〔græsp〕*v.* 抓住

8. **brace**[5]〔bres〕*v.* 使振作
   <u>embrace</u>[5]
   〔ɪmˈbres〕*v.* 擁抱

9. **access**[4]〔ˈæksɛs〕*n.* 接近或
   使用權
   <u>accessible</u>[6]〔ækˈsɛsəbḷ〕*adj.*
   容易接近的
   <u>accessory</u>[6]〔ækˈsɛsərɪ〕*n.*
   配件

10. **cap**[1]〔kæp〕*n.*（無邊的）帽子
    <u>captive</u>[6]〔ˈkæptɪv〕*n.* 俘虜

11. **race**[1]〔res〕*n.* 賽跑；種族
    <u>trace</u>[3]〔tres〕*v.* 追蹤；追溯

12. **rest**[1]〔rɛst〕*v. n.* 休息
    <u>arrest</u>[2]〔əˈrɛst〕*v.* 逮捕

arrest

E6 選擇·命運

1. **choose**[2] 〔 tʃuz 〕 *v.* 選擇
   <u>choice</u>[2] 〔 tʃɔɪs 〕 *n.* 選擇

2. **select**[2] 〔 səˈlɛkt 〕 *v.* 挑選
   <u>selection</u>[2] 〔 səˈlɛkʃən 〕 *n.*
   選擇;精選集

select

3. **prefer**[2] 〔 prɪˈfɝ 〕 *v.* 比較喜歡
   <u>preferable</u>[4] 〔ˈprɛfərəbḷ 〕 *adj.*
   比較好的
   <u>preference</u>[5] 〔ˈprɛfərəns 〕 *n.*
   比較喜歡

4. **determine**[3] 〔 dɪˈtɝmɪn 〕 *v.*
   決定;決心
   <u>determination</u>[4]
   〔 dɪˌtɝməˈneʃən 〕 *n.* 決心

5. **solve**[2] 〔 salv 〕 *v.* 解決
   <u>solution</u>[2] 〔 səˈluʃən 〕 *n.* 解決
   之道

6. **fate**[3] 〔 fet 〕 *n.* 命運
   <u>fatal</u>[4] 〔ˈfetḷ 〕 *adj.* 致命的

7. **resolve**[4] 〔 rɪˈzalv 〕 *v.* 決定;
   決心
   <u>resolution</u>[4] 〔ˌrɛzəˈluʃən 〕 *n.*
   決心

8. **decide**[1] 〔 dɪˈsaɪd 〕 *v.* 決定
   <u>decision</u>[2] 〔 dɪˈsɪʒən 〕 *n.* 決定
   <u>decisive</u>[6] 〔 dɪˈsaɪsɪv 〕 *adj.*
   決定性的

9. **alter**[5] 〔ˈɔltɚ 〕 *v.* 改變
   <u>alternate</u>[5] 〔ˈɔltɚˌnet 〕 *v.*
   使輪流
   <u>alternative</u>[6] 〔 ɔlˈtɝnətɪv 〕 *n.*
   可選擇的事物;替代物

10. **moral**[3] 〔ˈmɔrəl 〕 *adj.* 道德的
    <u>mortal</u>[5] 〔ˈmɔrtḷ 〕 *adj.* 必死的

11. **destiny**[5] 〔ˈdɛstənɪ 〕 *n.* 命運
    <u>destined</u>[6] 〔ˈdɛstɪnd 〕 *adj.*
    注定的
    <u>destination</u>[5] 〔ˌdɛstəˈneʃən 〕
    n. 目的地

E7　實現・成功

1. **accomplish**[4] (ə'kamplɪʃ) v. 完成
   <u>accomplishment</u>[4]
   (ə'kamplɪʃmənt) n. 成就

2. **perform**[3] (pɚ'fɔrm) v. 表演；
   執行
   <u>performance</u>[3] (pɚ'fɔrməns)
   n. 表演；表現

3. **execute**[5] ('ɛksɪ,kjut) v. 執行；
   處死
   <u>execution</u>[6] (,ɛksɪ'kjuʃən) n.
   執行；處死
   <u>executive</u>[5] (ɪg'zɛkjutɪv) n.
   主管

4. **attain**[6] (ə'ten) v. 達到
   <u>attainment</u>[6] (ə'tenmənt) n.
   達成

5. **achieve**[3] (ə'tʃiv) v. 達到
   <u>achievement</u>[3] (ə'tʃivmənt) n.
   成就

6. **fulfill**[4] (fʊl'fɪl) v. 實現
   <u>fulfillment</u>[4] (fʊl'fɪlmənt) n.
   實現

7. **realize**[2] ('riə,laɪz) v. 了解；
   實現
   <u>realization</u>[6] (,riələ'zeʃən)
   n. 了解；實現

8. **succeed**[2] (sək'sid) v. 成功；
   繼承
   <u>success</u>[2] (sək'sɛs) n. 成功
   <u>successful</u>[2] (sək'sɛsfəl) adj.
   成功的

9. **successor**[6] (sək'sɛsɚ) n.
   繼承者
   <u>succession</u>[6] (sək'sɛʃən) n.
   連續
   <u>successive</u>[6] (sək'sɛsɪv) adj.
   連續的

10. **prosper**[4] ('praspɚ) v. 繁榮；
    興盛
    <u>prosperous</u>[4] ('praspərəs)
    adj. 繁榮的
    <u>prosperity</u>[4] (pras'pɛrətɪ)
    n. 繁榮

11. **flour**[2] (flaʊr) n. 麵粉
    【注意發音】
    <u>flourish</u>[5] ('flɝɪʃ) v. 繁榮；
    興盛 (= *prosper*[4] = *thrive*[6])

E8 積極・魯莽

1. **volunteer**[4] 〔͵vɑlən'tɪr 〕 *v.* 自願
   n. 自願者
   <u>voluntary</u>[4] 〔'vɑlən͵tɛrɪ 〕 *adj.*
   自願的

2. **will**[1] 〔 wɪl 〕 *aux.* 將會　*n.* 意志力
   <u>willing</u>[2] 〔'wɪlɪŋ 〕 *adj.* 願意的

3. **sponsor**[6] 〔'spɑnsɚ 〕 *n.* 贊助者
   <u>spontaneous</u>[6] 〔 spɑn'tenɪəs 〕
   adj. 自動自發的；自發性的

4. **vital**[4] 〔'vaɪtḷ 〕 *adj.* 非常重要的；
   維持生命所必需的
   <u>vitamin</u>[3] 〔'vaɪtəmɪn 〕 *n.* 維他命

5. **vigor**[5] 〔'vɪgɚ 〕 *n.* 活力
   <u>vigorous</u>[5] 〔'vɪgərəs 〕 *adj.* 精力
   充沛的

6. **active**[2] 〔'æktɪv 〕 *adj.* 活躍的；
   主動的
   <u>activity</u>[3] 〔 æk'tɪvətɪ 〕 *n.* 活動

7. **bold**[3] 〔 bold 〕 *adj.* 大膽的
   <u>bald</u>[4] 〔 bɔld 〕 *adj.* 禿頭的

8. **positive**[2] 〔'pɑzətɪv 〕 *adj.*
   肯定的；樂觀的；積極的
   <u>optimistic</u>[3]
   〔͵ɑptə'mɪstɪk 〕 *adj.*
   樂觀的
   〕同義字

9. **aggressive**[4] 〔 ə'grɛsɪv 〕 *adj.*
   有攻擊性的；積極進取的
   <u>aggression</u>[6] 〔 ə'grɛʃən 〕 *n.*
   侵略

10. **reckon**[5] 〔'rɛkən 〕 *v.* 計算；
    認為
    <u>reckless</u>[5] 〔'rɛklɪs 〕 *adj.*
    魯莽的
    reckless driving 魯莽駕駛

11. **arrow**[2] 〔'æro 〕 *n.* 箭
    <u>arrogant</u>[6] 〔'ærəgənt 〕
    adj. 自大的

    arrow

12. **cord**[4] 〔 kɔrd 〕 *n.* 細繩
    <u>cordial</u>[6] 〔'kɔrdʒəl 〕
    adj. 熱誠的

    cord

E9　困惑・遲疑

1. **reluctant**[4] 〔 rɪ'lʌktənt 〕
   adj. 不情願的
   unwilling 〔 ʌn'wɪlɪŋ 〕
   adj. 不願意的 ︳同義字

2. **hesitate**[3] 〔'hɛzə,tet 〕 *v.* 猶豫
   hesitation[4] 〔,hɛzə'teʃən 〕 *n.*
   猶豫

3. **confuse**[3] 〔 kən'fjuz 〕 *v.* 使困惑
   confusion[4] 〔 kən'fjuʒən 〕
   n. 困惑

   confuse

4. **disturb**[4] 〔 dɪ'stɝb 〕 *v.* 打擾
   disturbance[6] 〔 dɪ'stɝbəns 〕 *n.*
   擾亂

5. **bother**[2] 〔'bɑðɚ 〕 *v.* 打擾
   brother[1] 〔'brʌðɚ 〕 *n.* 兄弟

6. **upset**[3] 〔 ʌp'sɛt 〕 *adj.* 不高興的
   upstairs[1] 〔'ʌp'stɛrz 〕 *adv.*
   到樓上

7. **irritate**[6] 〔'ɪrə,tet 〕 *v.* 激怒
   irritation[6] 〔,ɪrə'teʃən 〕 *n.*
   激怒

   irritate

8. **annoy**[4] 〔 ə'nɔɪ 〕 *v.* 使心煩
   annoyance[6] 〔 ə'nɔɪəns 〕 *n.*
   討厭的人或物

9. **embarrass**[4] 〔 ɪm'bærəs 〕 *v.*
   使尷尬
   embarrassment[4]
   〔 ɪm'bærəsmənt 〕 *n.* 尷尬

10. **puzzle**[2] 〔'pʌzḷ 〕 *v.* 使困惑
    drizzle[6] 〔'drɪzḷ 〕 *v.* 下毛毛雨
    dazzle[5] 〔'dæzḷ 〕 *v.* 使目眩

    drizzle

E10 失望・苦惱

1. **disappoint**[3] 〔,dɪsə'pɔɪnt 〕 v.
   使失望
   <u>disappointment</u>[3]
   〔,dɪsə'pɔɪntmənt 〕 n. 失望

2. **pair**[1] 〔 pɛr 〕 n. 一雙
   <u>despair</u>[5] 〔 dɪ'spɛr 〕 n. 絕望

despair

3. **frustrate**[3] 〔'frʌstret 〕 v. 使受挫
   <u>frustration</u>[4] 〔 frʌs'treʃən 〕 n.
   挫折

4. **bore**[3] 〔 bor 〕 v. 使無聊
   <u>boredom</u>[5] 〔'bordəm 〕 n. 無聊

5. **go**[1] 〔 go 〕 v. 去
   <u>undergo</u>[6] 〔,ʌndə'go 〕 v. 經歷

6. **suffer**[3] 〔'sʌfə 〕 v. 受苦；罹患
   <u>suffocate</u>[6] 〔'sʌfə,ket 〕 v.
   窒息

7. **anxious**[4] 〔'æŋkʃəs 〕 adj.
   焦慮的；渴望的
   <u>anxiety</u>[4] 〔 æŋ'zaɪətɪ 〕 n. 焦慮

8. **ago**[1] 〔 ə'go 〕 adv. …以前
   <u>agony</u>[5] 〔'ægənɪ 〕 n. 極大的
   痛苦

9. **stress**[2] 〔 strɛs 〕 n. 壓力
   <u>distress</u>[5] 〔 dɪ'strɛs 〕 n. 痛苦

10. **hard**[1] 〔 hard 〕 adj. 困難的
    adv. 努力地
    <u>hardship</u>[4] 〔'hardʃɪp 〕 n. 艱難

11. **melon**[2] 〔'mɛlən 〕 n. 甜瓜
    <u>melancholy</u>[6] 〔'mɛlən,kalɪ 〕
    adj. 憂鬱的

melon

12. **new**[1] 〔 nju 〕 adj. 新的
    <u>nuisance</u>[6] 〔'njusn̩s 〕 n. 討厭
    的人或物

Group F 能力 / 抑制

F1 可能・才能

1. **possible**[1] 〔'pɑsəbḷ〕 *adj.* 可能的
   possibility[2] 〔ˌpɑsə'bɪlətɪ〕 *n.*
   可能性

2. **capable**[3] 〔'kepəbḷ〕 *adj.* 能夠的
   capability[6] 〔ˌkepə'bɪlətɪ〕 *n.*
   能力；才能

3. **essential**[4] 〔ə'sɛnʃəl〕 *adj.* 必要的
   potential[5] 〔pə'tɛnʃəl〕 *n.* 潛力；
   可能性　*adj.* 有潛力的；可能的

4. **proficient**[6] 〔prə'fɪʃənt〕 *adj.*
   熟練的；精通的
   proficiency[6] 〔prə'fɪʃənsɪ〕 *n.*
   熟練；精通

proficiency

5. **able**[1] 〔'ebḷ〕 *adj.* 能夠的
   ability[2] 〔ə'bɪlətɪ〕 *n.* 能力

6. **genius**[4] 〔'dʒinjəs〕 *n.* 天才
   ingenious[6] 〔ɪn'dʒinjəs〕 *adj.*
   有發明才能的；巧妙的

genius

7. **fact**[1] 〔fækt〕 *n.* 事實
   faculty[6] 〔'fækḷtɪ〕 *n.* 全體教
   職員；能力

8. **facilitate**[6] 〔fə'sɪləˌtet〕 *v.*
   使便利
   facility[4] 〔fə'sɪlətɪ〕 *n.* 設備；
   設施

9. **tale**[1] 〔tel〕 *n.* 故事
   talent[2] 〔'tælənt〕 *n.* 才能

10. **vacation**[2] 〔ve'keʃən〕 *n.*
    假期
    vocation[6] 〔vo'keʃən〕 *n.*
    職業

F2 服務・利益

1. **serve**[1] 〔 sɜv 〕 *v.* 服務;供應
   servant[2] 〔 'sɜvənt 〕
   n. 僕人
   service[1] 〔 'sɜvɪs 〕
   n. 服務

servant

2. **assist**[3] 〔 ə'sɪst 〕 *v.* 幫助
   assistant[2] 〔 ə'sɪstənt 〕 *n.* 助手
   assistance[4] 〔 ə'sɪstəns 〕 *n.*
   幫助

3. **aid**[2] 〔 ed 〕 *n. v.* 幫助 (= *help*[1])
   AIDS[4] 〔 edz 〕 *n.* 愛滋病;後天
   免疫不全症候群

4. **fit**[2] 〔 fɪt 〕 *v.* 適合
   benefit[3] 〔 'bɛnəfɪt 〕 *n.* 利益;
   好處
   beneficial[5] 〔 ,bɛnə'fɪʃəl 〕 *adj.*
   有益的

5. **date**[1] 〔 det 〕 *n.* 日期;約會
   accommodate[6] 〔 ə'kɑmə,det 〕
   v. 容納;裝載 (乘客)
   accommodations[6]
   〔 ə,kɑmə'deʃənz 〕 *n. pl.* 住宿設備

6. **convenient**[2] 〔 kən'vinjənt 〕
   adj. 方便的
   convenience[4] 〔 kən'vinjəns 〕
   n. 方便

7. **efficient**[3] 〔 ə'fɪʃənt 〕 *adj.*
   有效率的
   efficiency[4] 〔 ə'fɪʃənsɪ 〕 *n.*
   效率

8. **utilize**[6] 〔 'jutḷ,aɪz 〕 *v.* 利用
   utility[6] 〔 ju'tɪlətɪ 〕 *n.* 效用

9. **profit**[3] 〔 'prɑfɪt 〕 *n.* 利潤
   profitable[4] 〔 'prɑfɪtəbḷ 〕 *adj.*
   有利可圖的

10. **avail** 〔 ə'vel 〕 *v.* 利用
    available[3] 〔 ə'veləbḷ 〕 *adj.*
    可獲得的

11. **advantage**[3]
    〔 əd'væntɪdʒ 〕 *n.* 優點
    disadvantage[4]
    〔 ,dɪsəd'væntɪdʒ 〕 *n.* 缺點;
    不利的條件

相反詞

F3　依賴・需要

1. **rely**[3] 〔 rɪ'laɪ 〕 *v.* 信賴；依靠
   <u>reliable</u>[3] 〔 rɪ'laɪəbḷ 〕 *adj.*
   可靠的
   <u>reliance</u>[6] 〔 rɪ'laɪəns 〕 *n.* 依賴

2. **sort**[2] 〔 sɔrt 〕 *n.* 種類　*v.* 分類
   <u>resort</u>[5] 〔 rɪ'zɔrt 〕 *n.* 渡假勝地

3. **depend**[2] 〔 dɪ'pɛnd 〕 *v.* 依賴
   <u>dependent</u>[4] 〔 dɪ'pɛndənt 〕 *adj.*
   依賴的
   <u>dependable</u>[4] 〔 dɪ'pɛndəbḷ 〕 *adj.*
   可靠的

4. **demand**[4] 〔 dɪ'mænd 〕 *v.* 要求
   <u>command</u>[3] 〔 kə'mænd 〕 *v.*
   命令；俯瞰　*n.* 精通

5. **necessary**[2] 〔'nɛsə͵sɛrɪ 〕 *adj.*
   必要的
   <u>necessity</u>[3] 〔 nə'sɛsətɪ 〕 *n.*
   必要；需要
   Necessity is the mother of invention.
   【諺】需要為發明之母。

6. **owe**[3] 〔 o 〕 *v.* 欠
   <u>own</u>[1] 〔 on 〕 *v.* 擁有
   <u>owner</u>[2] 〔'onɚ 〕 *n.* 擁有者

7. **dispense**[5] 〔 dɪ'spɛns 〕 *v.*
   分發；使免除
   <u>dispensable</u>[6]
   〔 dɪ'spɛnsəbḷ 〕*adj.* 可有可無的
   <u>indispensable</u>[5]
   〔͵ɪndɪs'pɛnsəbḷ 〕 *adj.*
   不可或缺的

   相反詞

8. **confident**[3] 〔'kɑnfədənt 〕
   adj. 有信心的
   <u>confidence</u>[4] 〔'kɑnfədəns 〕
   n. 信心
   <u>confidential</u>[6] 〔͵kɑnfə'dɛnʃəl 〕
   adj. 機密的

9. **trust**[2] 〔 trʌst 〕 *v. n.* 信任
   <u>trustworthy</u> 〔'trʌst͵wɝðɪ 〕
   adj. 值得信賴的

F4 維護・支持

1. **port**[2]〔port〕*n.* 港口
   <u>support</u>[2]〔sə'port〕*v.* 支持；
   支撐

2. **maintain**[2]〔men'ten〕*v.* 維持
   <u>maintenance</u>[5]〔'mentənəns〕
   n. 維修

3. **rein**[6]〔ren〕*n.* 韁繩
   <u>reinforce</u>[6]〔,riin'fors〕*v.* 增強

rein

4. **under**[1]〔'ʌndə〕*prep.* 在…之下
   <u>undertake</u>[6]〔,ʌndə'tek〕*v.*
   承擔；從事
   <u>undermine</u>[6]〔,ʌndə'maɪn〕*v.*
   損害

5. **protect**[2]〔prə'tɛkt〕*v.* 保護
   <u>protective</u>[3]〔prə'tɛktɪv〕*adj.*
   保護的
   <u>protection</u>[3]〔prə'tɛkʃən〕*n.*
   保護

6. **attain**[6]〔ə'ten〕*v.* 達到
   <u>sustain</u>[5]〔sə'sten〕*v.* 維持

7. **bear**[2,1]〔bɛr〕*v.* 忍受　*n.* 熊
   <u>pear</u>[2]〔pɛr〕*n.*
   西洋梨【注意發音】

pear

8. **defend**[4]〔dɪ'fɛnd〕*v.* 保衛
   <u>defense</u>[4]〔dɪ'fɛns〕*n.* 防禦
   <u>defensive</u>[4]〔dɪ'fɛnsɪv〕*adj.*
   防禦的

9. **locate**[2]〔'loket〕*v.* 使位於
   <u>advocate</u>[6]〔'ædvə,ket〕*v.* 提倡

10. **survive**[2]〔sə'vaɪv〕*v.* 生還；
    自…中生還
    <u>survival</u>[3]〔sə'vaɪvl̩〕*n.* 生還
    <u>survivor</u>[3]〔sə'vaɪvə〕*n.*
    生還者

11. **persist**[5]〔pə'zɪst, pə'sɪst〕
    v. 堅持；持續
    <u>persistent</u>[6]〔pə'zɪstənt〕
    adj. 持續的
    <u>persistence</u>[6]〔pə'zɪstəns〕
    n. 堅持；堅忍不拔

F5　強迫・權力

1. **force**[1]〔fors〕*n.* 力量　*v.* 強迫
   <u>enforce</u>[4]〔ɪn'fors〕*v.* 執行
   <u>enforcement</u>[4]〔ɪn'forsmənt〕
   n. 實施

2. **expel**[6]〔ɪk'spɛl〕*v.* 驅逐；開除
   <u>compel</u>[5]〔kəm'pɛl〕*v.* 強迫
   （ = *force*[1]）
   <u>propel</u>[6]〔prə'pɛl〕*v.* 推進

3. **press**[2]〔prɛs〕*v.* 壓；逼迫
   <u>pressure</u>[3]〔'prɛʃə〕*n.* 壓力

4. **oblige**[6]〔ə'blaɪdʒ〕*v.* 使感激；
   強迫
   <u>obligation</u>[6]〔,ɑblə'geʃən〕*n.*
   義務

5. **impose**[5]〔ɪm'poz〕*v.* 強加
   <u>expose</u>[4]〔ɪk'spoz〕*v.* 暴露；
   使接觸

6. **college**[3]〔'kɑlɪdʒ〕*n.* 大學；
   學院
   <u>privilege</u>[4]〔'prɪvḷɪdʒ〕*n.*
   特權

7. **exert**[6]〔ɪg'zɜt〕*v.* 運用
   <u>expert</u>[2]〔'ɛkspɜt〕*n.* 專家

8. **energy**[2]〔'ɛnədʒɪ〕*n.* 活力
   <u>energetic</u>[3]〔,ɛnə'dʒɛtɪk〕*adj.*
   充滿活力的

energetic

9. **author**[3]〔'ɔθə〕*n.* 作者
   <u>authorize</u>[6]〔'ɔθə,raɪz〕*v.* 授權
   <u>authority</u>[4]〔ə'θɔrətɪ〕*n.*
   權威；權力

10. **might**[3]〔maɪt〕*n.* 力量
    aux. 可能
    <u>mighty</u>[3]〔'maɪtɪ〕*adj.* 強有力的

11. **intense**[4]〔ɪn'tɛns〕*adj.* 強烈的
    <u>intensive</u>[4]〔ɪn'tɛnsɪv〕*adj.*
    密集的

12. **intensify**[4]〔ɪn'tɛnsə,faɪ〕*v.* 加強
    <u>intensity</u>[4]〔ɪn'tɛnsətɪ〕*n.*
    強度

F6 引起・催促

1. **cause**[1] 〔kɔz〕*v.* 造成 *n.* 原因
   <u>because</u>[1] 〔bɪ'kɔz〕*conj.* 因爲

2. **induce**[5] 〔ɪn'djus , ɪn'dus〕*v.*
   引起；導致
   <u>seduce</u>[6] 〔sɪ'djus〕*v.* 引誘

3. **rouse** 〔rauz〕*v.* 叫醒；
   喚起
   <u>arouse</u>[4] 〔ə'rauz〕*v.*
   喚起

   〔同義字〕

4. **provide**[2] 〔prə'vaɪd〕*v.* 提供
   <u>provoke</u>[6] 〔prə'vok〕*v.* 激怒

5. **influence**[2] 〔'ɪnfluəns〕*n. v.* 影響
   <u>influential</u>[4] 〔,ɪnflu'ɛnʃəl〕*adj.*
   有影響力的

6. **animal**[1] 〔'ænəml〕*n.* 動物
   <u>animate</u>[6] 〔'ænə,met〕*v.*
   使有活力

7. **promote**[3] 〔prə'mot〕*v.*
   使升遷；提倡
   <u>promotion</u>[4] 〔prə'moʃən〕*n.*
   升遷；促銷；提倡

8. **affect**[3] 〔ə'fɛkt〕*v.* 影響
   <u>affection</u>[5] 〔ə'fɛkʃən〕*n.* 感情；
   （對子女、妻子的）愛
   <u>affectionate</u>[6] 〔ə'fɛkʃənɪt〕*adj.*
   摯愛的

9. **stimulate**[6] 〔'stɪmjə,let〕*v.* 刺激
   <u>stimulation</u>[6] 〔,stɪmjə'leʃən〕*n.*
   刺激
   <u>stimulus</u>[6] 〔'stɪmjələs〕*n.*
   刺激（物）

10. **courage**[2] 〔'kɝɪdʒ〕*n.* 勇氣
    <u>encourage</u>[2] 〔ɪn'kɝɪdʒ〕*v.*
    鼓勵
    <u>encouragement</u>[2]
    〔ɪn'kɝɪdʒmənt〕*n.* 鼓勵

11. **urge**[4] 〔ɝdʒ〕*v.* 力勸；催促
    <u>urgent</u>[4] 〔'ɝdʒənt〕*adj.* 迫切的；
    緊急的
    <u>urgency</u>[6] 〔'ɝdʒənsɪ〕*n.* 迫切

12. **inspire**[4] 〔ɪn'spaɪr〕*v.* 激勵；
    給予靈感
    <u>inspiration</u>[4] 〔,ɪnspə'reʃən〕*n.*
    靈感；激勵

F7　控制・指揮

1. **control**[2] 〔 kən'trol 〕 *v. n.* 控制
   controller[2] 〔 kən'trolɚ 〕 *n.*
   管理者

2. **operate**[2] 〔'ɑpə,ret 〕 *v.* 操作；
   動手術
   operation[4] 〔,ɑpə'reʃən 〕 *n.*
   運作；手術
   operational[6] 〔,ɑpə'reʃənl̩ 〕 *adj.*
   操作上的

3. **direct**[1] 〔 də'rɛkt 〕 *v.* 指示
   adj. 直接的
   direction[2] 〔 də'rɛkʃən 〕 *n.*
   方向；指揮

4. **director**[2] 〔 də'rɛktɚ 〕 *n.* 導演
   directory[6] 〔 də'rɛktərɪ 〕 *n.*
   電話簿

5. **nominate**[5] 〔'nɑmə,net 〕 *v.* 提名
   nomination[6] 〔,nɑmə'neʃən 〕
   n. 提名
   nominee[6] 〔,nɑmə'ni 〕 *n.* 被提
   名人

6. **warn**[3] 〔 wɔrn 〕 *v.* 警告
   warm[1] 〔 wɔrm 〕 *adj.* 溫暖的

7. **conduct**[5] 〔 kən'dʌkt 〕 *v.* 進行；
   做
   conductor[4] 〔 kən'dʌktɚ 〕 *n.*
   指揮；導體

conductor

8. **command**[3] 〔 kə'mænd 〕 *v.*
   命令；俯瞰　*n.* 精通
   commander[4] 〔 kə'mændɚ 〕
   n. 指揮官

9. **summer**[1] 〔'sʌmɚ 〕 *n.* 夏天
   summon[5] 〔'sʌmən 〕 *v.* 召喚；
   傳喚

10. **instruct**[4] 〔 ɪn'strʌkt 〕 *v.* 教導
    instruction[3] 〔 ɪn'strʌkʃən 〕
    n. 教導
    instructive 〔 ɪn'strʌktɪv 〕
    adj. 富教育性的

11. **discipline**[4] 〔'dɪsəplɪn 〕 *n.*
    紀律；訓練
    disciple[5] 〔 dɪ'saɪpl̩ 〕 *n.* 弟子

F8 限制・壓抑

1. **limit**[2] (ˈlɪmɪt) *v. n.* 限制
   limitation[4] (ˌlɪməˈteʃən) *n.*
   限制

2. **check**[1] (tʃɛk) *v.* 檢查；抑制
   n. 支票
   checkup[5] (ˈtʃɛkˌʌp) *n.* 健康
   檢查

checkup

3. **fine**[1] (faɪn) *adj.* 好的　*n.* 罰款
   confine[4] (kənˈfaɪn) *v.* 限制

4. **restrict**[3] (rɪˈstrɪkt) *v.* 限制
   restriction[4] (rɪˈstrɪkʃən) *n.*
   限制

5. **strain**[5] (stren) *v.* 拉緊
   n. 緊張；壓力
   restrain[5] (rɪˈstren) *v.* 克制
   restraint[6] (rɪˈstrent) *n.* 抑制

6. **bid**[5] (bɪd) *v.* 出 (價)；投標
   forbid[4] (fəˈbɪd) *v.* 禁止

7. **interrupt**[3] (ˌɪntəˈrʌpt) *v.* 打斷
   interruption[4] (ˌɪntəˈrʌpʃən)
   n. 打斷

8. **interfere**[4] (ˌɪntəˈfɪr) *v.* 干涉
   interference[5] (ˌɪntəˈfɪrəns)
   n. 干涉

9. **prevent**[3] (prɪˈvɛnt) *v.* 預防
   prevention[4] (prɪˈvɛnʃən) *n.*
   預防
   preventive[6] (prɪˈvɛntɪv) *adj.*
   預防的

10. **prohibit**[6] (proˈhɪbɪt) *v.* 禁止
    prohibition[6] (ˌproəˈbɪʃən) *n.*
    禁止

11. **press**[2] (prɛs) *v.* 壓
    oppress[6] (əˈprɛs) *v.* 壓迫
    suppress[5] (səˈprɛs) *v.* 壓抑

12. **depress**[4] (dɪˈprɛs) *v.* 使沮喪
    repress[6] (rɪˈprɛs) *v.* 鎮壓

13. **barrier**[4] (ˈbærɪɚ) *n.* 障礙
    barrel[3] (ˈbærəl) *n.* 一桶

F9　取消・避免

1. **polish**[4] ('palɪʃ) v. 擦亮
   <u>abolish</u>[5] (ə'balɪʃ) v. 廢除

2. **ease**[1] (iz) n. 容易；輕鬆
   <u>cease</u>[4] (sis) v. 停止

3. **cancel**[2] ('kænsḷ) v. 取消
   <u>cancer</u>[2] ('kænsɚ) n. 癌症

4. **omit**[2] (o'mɪt) v. 省略；遺漏
   <u>vomit</u>[6] ('vɑmɪt) v. 嘔吐

5. **elect**[2] (ɪ'lɛkt) v. 選舉
   <u>neglect</u>[4] (nɪ'glɛkt) v. 忽略

6. **postpone**[3] (post'pon) v. 延期
   <u>postponement</u>[3]
   (post'ponmənt) n. 延期

7. **draw**[1] (drɔ) v. 畫；拉；吸引
   <u>withdraw</u>[4] (wɪð'drɔ) v. 撤退；
   提 (款)

8. **shell**[2] (ʃɛl) n. 貝殼；甲殼
   <u>shelter</u>[4] ('ʃɛltɚ) n. 避難所

9. **seal**[3] (sil) v. 密封
   n. 印章；海豹
   <u>conceal</u>[5] (kən'sil) v. 隱藏

10. **avoid**[2] (ə'vɔɪd) v. 避免
    <u>avoidable</u> (ə'vɔɪdəbḷ) adj.
    可避免的

11. **distract**[6] (dɪ'strækt) v.
    使分心
    <u>distraction</u>[6] (dɪ'strækʃən)
    n. 分心

12. **divert**[6] (daɪ'vɝt) v. 轉移
    <u>diversion</u>[6] (də'vɝʒən , daɪ- ,
    -ʃən) n. 轉移；消遣；娛樂

13. **refuge**[5] ('rɛfjudʒ) n. 避難所
    <u>refugee</u>[4] (ˌrɛfjʊ'dʒi) n. 難民

14. **spare**[4] (spɛr) adj. 空閒的
    v. 使免除；騰出 (時間)；吝惜
    <u>snare</u>[6] (snɛr) n. 陷阱
    Spare the rod and spoil the child.
    【諺】不打不成器。

F10 破壞・兇猛

1. **destroy**[3] 〔 dɪ'strɔɪ 〕 v. 破壞
   <u>destruction</u>[4] 〔 dɪ'strʌkʃən 〕 n.
   破壞
   <u>destructive</u>[5] 〔 dɪ'strʌktɪv 〕 adj.
   破壞性的

2. **ruin**[4] 〔 'ruɪn 〕 v. 毀滅
   <u>penguin</u>[2] 〔 'pɛngwɪn 〕
   n. 企鵝

   penguin

3. **oil**[1] 〔 ɔɪl 〕 n. 油
   <u>spoil</u>[3] 〔 spɔɪl 〕 v. 破壞；腐壞

4. **dam**[3] 〔 dæm 〕 n. 水壩
   <u>damage</u>[2] 〔 'dæmɪdʒ 〕 v. 損害

5. **injure**[3] 〔 'ɪndʒɚ 〕 v. 傷害
   <u>injury</u>[3] 〔 'ɪndʒərɪ 〕 n. 傷

6. **offend**[4] 〔 ə'fɛnd 〕 v. 冒犯；觸怒
   <u>offense</u>[4] 〔 ə'fɛns 〕 n. 攻擊；
   生氣
   <u>offensive</u>[4] 〔 ə'fɛnsɪv 〕 adj.
   無禮的

7. **violate**[4] 〔 'vaɪə,let 〕 v. 違反
   <u>violation</u>[4] 〔 ,vaɪə'leʃən 〕 n.
   違反

8. **violent**[3] 〔 'vaɪələnt 〕 adj.
   暴力的
   <u>violence</u>[3] 〔 'vaɪələns 〕 n. 暴力

9. **savage**[5] 〔 'sævɪdʒ 〕 adj. 野蠻
   的；兇暴的
   <u>ravage</u>[6] 〔 'rævɪdʒ 〕 v. 毀壞

10. **barber**[1] 〔 'barbɚ 〕 n. 理髮師
    <u>barbarian</u>[5] 〔 bar'bɛrɪən 〕 n.
    野蠻人【注意拼字】

11. **cruel**[2] 〔 'kruəl 〕 adj. 殘忍的
    <u>cruelty</u>[4] 〔 'kruəltɪ 〕 n. 殘忍

12. **fierce**[4] 〔 fɪrs 〕 adj. 兇猛的；
    激烈的
    <u>pierce</u>[6] 〔 pɪrs 〕 v. 刺穿

    fierce

Group G 構造 / 動作

G1 改變・修復

1. **form**[2] 〔 fɔrm 〕 v. 形成　n. 形式
   reform[4] 〔 rɪˋfɔrm 〕 v. 改革

2. **transform**[4] 〔 trænsˋfɔrm 〕 v. 轉變
   transformation[6]
   〔ˌtrænsfəˋmeʃən 〕 n. 轉變

3. **alter**[5] 〔ˋɔltɚ 〕 v. 改變
   falter[5] 〔ˋfɔltɚ 〕 v. 搖晃；蹣跚

4. **convert**[5] 〔 kənˋvɝt 〕 v. 使轉變；
   使改信 (宗教)
   conversion[5] 〔 kənˋvɝʃən 〕 n.
   轉換

5. **restore**[4] 〔 rɪˋstor 〕 v. 恢復
   restoration[6] 〔ˌrɛstəˋreʃən 〕 n.
   恢復

6. **mode**[5] 〔 mod 〕 n. 模式
   modify[5] 〔ˋmɑdəˌfaɪ 〕 v. 修正

7. **vary**[3] 〔ˋvɛrɪ 〕 v. 改變；不同
   variable[6] 〔ˋvɛrɪəbl 〕 adj. 多變的
   variation[6] 〔ˌvɛrɪˋeʃən 〕 n. 變化

8. **various**[3] 〔ˋvɛrɪəs 〕 adj. 各式
   各樣的
   variety[3] 〔 vəˋraɪətɪ 〕 n. 種類；
   多樣性

9. **improve**[2] 〔 ɪmˋpruv 〕 v. 改善
   improvement[2]
   〔 ɪmˋpruvmənt 〕 n. 改善

10. **pair**[1] 〔 pɛr 〕 n. 一雙
    repair[3] 〔 rɪˋpɛr 〕 v. 修理

11. **compensate**[6] 〔ˋkɑmpənˌset 〕
    v. 補償
    compensation[6]
    〔ˌkɑmpənˋseʃən 〕 n. 補償

12. **fresh**[1] 〔 frɛʃ 〕 adj. 新鮮的；
    沒有鹽份的
    refresh[4] 〔 rɪˋfrɛʃ 〕 v. 使提神
    refreshment[6] 〔 rɪˋfrɛʃmənt 〕
    n. 提神之物；(pl.) 點心

13. **recover**[3] 〔 rɪˋkʌvɚ 〕 v. 恢復
    recovery[4] 〔 rɪˋkʌvərɪ 〕 n.
    恢復；康復

14. **remedy**[4] 〔ˋrɛmədɪ 〕 n. 治療法
    comedy[4] 〔ˋkɑmədɪ 〕 n. 喜劇

G2 創造・發展

1. **create**[2]〔krɪ'et〕*v.* 創造
   creation[4]〔krɪ'eʃən〕*n.* 創造

2. **creative**[3]〔krɪ'etɪv〕*adj.* 有創
   造力的
   creativity[4]〔,krie'tɪvətɪ〕*n.*
   創造力（= *originality*[6]）

3. **invent**[2]〔ɪn'vɛnt〕*v.* 發明
   invention[4]〔ɪn'vɛnʃən〕*n.*
   發明
   inventor[3]〔ɪn'vɛntɚ〕*n.*
   發明者

inventor

4. **creator**[3]〔krɪ'etɚ〕*n.* 創造者
   creature[3]〔'kritʃɚ〕*n.* 生物；
   動物【注意發音】

5. **produce**[2]〔prə'djus〕*v.* 生產；
   製造
   producer[2]〔prə'djusɚ〕*n.*
   生產者
   production[4]〔prə'dʌkʃən〕*n.*
   生產

6. **productive**[4]〔prə'dʌktɪv〕
   adj. 有生產力的；多產的
   productivity[6]〔,prodʌk'tɪvətɪ〕
   n. 生產力

7. **evolution**[6]〔,ɛvə'luʃən〕*n.*
   進化
   revolution[4]〔,rɛvə'luʃən〕*n.*
   革命；重大改革
   the theory of evolution 進化論

8. **develop**[2]〔dɪ'vɛləp〕*v.* 發展；
   研發
   development[2]
   〔dɪ'vɛləpmənt〕*n.* 發展

G3　處置・構造

1. **arrange**[2] (əˈrendʒ) *v.* 安排；
   排列
   arrangement[2] (əˈrendʒmənt)
   n. 安排；排列

2. **dispose**[5] (dɪˈspoz) *v.* 處置
   disposal[6] (dɪˈspozḷ) *n.* 處理
   disposable[6] (dɪˈspozəbḷ) *adj.*
   用完即丟的

3. **order**[1] (ˈɔrdɚ) *n.* 命令；順序
   orderly[6] (ˈɔrdɚlɪ) *adj.* 整齊的

4. **organize**[2] (ˈɔrgən‚aɪz) *v.* 組織
   organizer[5] (ˈɔrgən‚aɪzɚ)
   n. 組織者
   organization[2] (‚ɔrgənəˈzeʃən)
   n. 組織

5. **frame**[4] (frem) *n.* 框架
   framework[5] (ˈfrem‚wɝk) *n.*
   骨架；架構

6. **pat**[2] (pæt) *v.* 輕拍
   pattern[2] (ˈpætɚn) *n.* 模式；
   圖案

7. **organ**[2] (ˈɔrgən) *n.* 器官
   organic[4] (ɔrˈgænɪk) *adj.* 有機的
   organism[6] (ˈɔrgən‚ɪzəm) *n.*
   生物

8. **element**[2] (ˈɛləmənt) *n.* 要素
   elementary[4] (‚ɛləˈmɛntərɪ)
   adj. 基本的
   elementary school 小學

9. **structure**[3] (ˈstrʌktʃɚ) *n.* 結構；
   建築物
   structural[5] (ˈstrʌktʃərəl) *adj.*
   結構上的

10. **ornament**[5] (ˈɔrnəmənt) *n.*
    裝飾品
    tournament[5] (ˈtɝnəmənt) *n.*
    錦標賽

11. **shape**[1] (ʃep) *n.* 形狀
    shave[3] (ʃev) *v.* 刮 (鬍子)
    shaver[4] (ˈʃevɚ) *n.* 電動刮鬍刀

12. **fig** (fɪg) *n.* 無花果
    figure[2] (ˈfɪgjɚ) *n.* 數字；人物；
    圖案

G4 構成・基礎

1. **construct**[4] 〔kənˈstrʌkt〕v. 建造
   <u>construction</u>[4] 〔kənˈstrʌkʃən〕
   n. 建設
   <u>constructive</u>[4] 〔kənˈstrʌktɪv〕
   adj. 建設性的

2. **compose**[4] 〔kəmˈpoz〕v. 組成；
   作（曲）
   <u>composer</u>[4] 〔kəmˈpozɚ〕
   n. 作曲家
   <u>composition</u>[4] 〔ˌkɑmpəˈzɪʃən〕
   n. 作文

3. **consist**[4] 〔kənˈsɪst〕v. 由…組成
   <u>consistent</u>[4] 〔kənˈsɪstənt〕adj.
   一致的

4. **constitute**[4] 〔ˈkɑnstəˌtjut〕v.
   構成
   <u>constitution</u>[4] 〔ˌkɑnstəˈtjuʃən〕
   n. 憲法
   <u>constitutional</u>[5]
   〔ˌkɑnstəˈtjuʃənḷ〕adj. 憲法的

5. **basis**[2] 〔ˈbesɪs〕n. 基礎；根據
   <u>basic</u>[1] 〔ˈbesɪk〕adj. 基本的

6. **establish**[4] 〔əˈstæblɪʃ〕v. 建立
   <u>establishment</u>[4]
   〔əˈstæblɪʃmənt〕n. 建立

7. **base**[1] 〔bes〕n. 基礎；基地
   <u>basement</u>[2] 〔ˈbesmənt〕n.
   地下室
   <u>basin</u>[4] 〔ˈbesn̩〕n. 臉盆；盆地

8. **found**[3] 〔faʊnd〕v. 建立
   <u>founder</u>[4] 〔ˈfaʊndɚ〕n.
   創立者
   <u>foundation</u>[4] 〔faʊnˈdeʃən〕n.
   建立；基礎

9. **institute**[5] 〔ˈɪnstəˌtjut〕n.
   協會；學院
   <u>institution</u>[6] 〔ˌɪnstəˈtjuʃən〕n.
   機構

10. **arch**[4] 〔artʃ〕n. 拱門
    <u>architect</u>[5] 〔ˈarkəˌtɛkt〕
    n. 建築師
    <u>architecture</u>[5] 〔ˈarkəˌtɛktʃɚ〕
    n. 建築

G5 供給・捐贈

1. **tender**[3] 〔'tɛndɚ〕 *adj.* 溫柔的
   <u>render</u>[6] 〔'rɛndɚ〕 *v.* 使變成；
   提供

2. **afford**[3] 〔ə'fɔrd〕 *v.* 負擔得起
   <u>affordable</u> 〔ə'fɔrdəbḷ〕 *adj.*
   負擔得起的

3. **devote**[4] 〔dɪ'vot〕 *v.* 使致力於；
   奉獻
   <u>devotion</u>[5] 〔dɪ'voʃən〕 *n.* 致力；
   熱愛

devote

4. **furnish**[4] 〔'fɜnɪʃ〕 *v.* 裝置家具
   <u>furniture</u>[3] 〔'fɜnɪtʃɚ〕 *n.* 傢俱

furniture

5. **apply**[2] 〔ə'plaɪ〕 *v.* 申請；
   應徵；運用
   <u>supply</u>[2] 〔sə'plaɪ〕 *v. n.* 供給
   <u>reply</u>[2] 〔rɪ'plaɪ〕 *v.* 回答；
   回覆

6. **contribute**[4] 〔kən'trɪbjut〕 *v.*
   貢獻
   <u>contribution</u>[4]
   〔ˌkɑntrə'bjuʃən〕 *n.* 貢獻

7. **distribute**[4] 〔dɪ'strɪbjut〕 *v.*
   分配；分發
   <u>distribution</u>[4] 〔ˌdɪstrə'bjuʃən〕
   n. 分配

distribute

8. **charge**[2] 〔tʃɑrdʒ〕 *v.* 收費；
   控告
   <u>discharge</u>[6] 〔dɪs'tʃɑrdʒ〕 *v.*
   解雇

G6 投擲・放棄・解除・奪取

1. **cast**[3] 〔 kæst 〕 v. 投擲
   <u>castle</u>[2] 〔'kæsḷ 〕 n. 城堡

2. **latter**[3] 〔'lætɚ 〕 pron. 後者
   <u>scatter</u>[3] 〔'skætɚ 〕 v. 散播
   <u>chatter</u>[5] 〔'tʃætɚ 〕 v. 喋喋不休

3. **ban**[5] 〔 bæn 〕 v. 禁止
   <u>abandon</u>[4] 〔 ə'bændən 〕 v.
   拋棄

4. **exclude**[5] 〔 ɪk'sklud 〕 v. 排除
   <u>exclusive</u>[6] 〔 ɪk'sklusɪv 〕 adj.
   獨家的

5. **release**[3] 〔 rɪ'lis 〕 v. 釋放
   <u>relax</u>[3] 〔 rɪ'læks 〕 v. 放鬆

6. **cue**[4] 〔 kju 〕 n. v. 暗示（= hint[3]）
   <u>rescue</u>[4] 〔'rɛskju 〕 v. n. 拯救

7. **relieve**[4] 〔 rɪ'liv 〕 v. 減輕
   <u>relief</u>[3] 〔 rɪ'lif 〕 n. 放心；鬆了
   一口氣

8. **attract**[3] 〔 ə'trækt 〕 v. 吸引
   <u>extract</u>[6] 〔 ɪk'strækt 〕 v.
   拔出

extract

9. **remove**[3] 〔 rɪ'muv 〕 v. 除去
   <u>removal</u>[6] 〔 rɪ'muvḷ 〕 n.
   除去

10. **derive**[6] 〔 də'raɪv 〕 v. 源自
    <u>deprive</u>[6] 〔 dɪ'praɪv 〕 v. 剝奪；
    使喪失

11. **rob**[3] 〔 rab 〕 v. 搶劫
    <u>robber</u>[3] 〔'rabɚ 〕 n. 強盜
    <u>robbery</u>[3] 〔'rabərɪ 〕 n. 搶劫；
    搶案

robbery

G7 獲得・保持・包含

1. **receive**[1] 〔 rɪ'siv 〕 *v.* 收到
   receiver[3] 〔 rɪ'sivə 〕 *n.* 聽筒
   reception[4] 〔 rɪ'sɛpʃən 〕
   n. 歡迎（會）

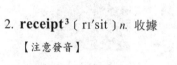

receiver

2. **receipt**[3] 〔 rɪ'sit 〕 *n.* 收據
   【注意發音】
   recipient[6] 〔 rɪ'sɪpɪənt 〕 *n.* 接受
   者；領受者

3. **obtain**[4] 〔 əb'ten 〕 *v.* 獲得
   retain[4] 〔 rɪ'ten 〕 *v.* 保留
   contain[2] 〔 kən'ten 〕 *v.* 包含

4. **acquire**[4] 〔 ə'kwaɪr 〕 *v.* 獲得；
   學會
   acquisition[6] 〔,ækwə'zɪʃən 〕 *n.*
   獲得；增添之圖書

5. **involve**[4] 〔 ɪn'valv 〕 *v.* 使牽涉；
   包含；需要
   involvement[4] 〔 ɪn'valvmənt 〕
   n. 牽涉

6. **reserve**[3] 〔 rɪ'zɝv 〕 *v.* 預訂；
   保留
   reservation[4] 〔,rɛzə'veʃən 〕
   n. 預訂
   reservoir[6] 〔'rɛzə,vɔr , -,vwar 〕
   n. 水庫【注意發音】

reservoir

7. **preserve**[4] 〔 prɪ'zɝv 〕 *v.* 保存
   preservation[4] 〔,prɛzə'veʃən 〕
   n. 保存；維持

8. **include**[2] 〔 ɪn'klud 〕 *v.* 包括
   including[4] 〔 ɪn'kludɪŋ 〕 *prep.*
   包括
   inclusive[6] 〔 ɪn'klusɪv 〕 *adj.*
   包括的

9. **possess**[4] 〔 pə'zɛs 〕 *v.* 擁有
   possession[4] 〔 pə'zɛʃən 〕 *n.*
   擁有

G8 懸掛・搖動・磨光

1. **suspend**[5] 〔 sə'spεnd 〕 *v.* 暫停；
使停職
<u>suspense</u>[6] 〔 sə'spεns 〕 *n.*
懸疑
<u>suspension</u>[6] 〔 sə'spεnʃən 〕 *n.*
暫停
keep sb. in suspense 使某人感
到懸疑

2. **shake**[1] 〔 ʃek 〕 *v.* 搖動
<u>quake</u>[4] 〔 kwek 〕 *n.* 地震 ⎫
<u>earthquake</u>[2] 〔 'ɝθ,kwek 〕 ⎬ 同義字
n. 地震 ⎭

3. **rub**[1] 〔 rʌb 〕 *v.* 摩擦
<u>rubber</u>[1] 〔 'rʌbɚ 〕 *n.* 橡膠
<u>rubbish</u>[5] 〔 'rʌbɪʃ 〕 *n.* 垃圾

rubber band 橡皮筋

4. **sir**[1] 〔 sɚ, sɝ 〕 *n.* 先生
<u>stir</u>[3] 〔 stɝ 〕 *v.* 攪動

5. **scrape**[5] 〔 skrep 〕 *n.* 擦傷
v. 刮掉
<u>scratch</u>[4] 〔 skrætʃ 〕 *v.* 抓 (癢)

scratch

6. **stick**[2] 〔 stɪk 〕 *n.* 棍子
v. 刺；黏
<u>chopsticks</u>[2] 〔 'tʃɑp,stɪks 〕
n. pl. 筷子

chopsticks

7. **catch**[1] 〔 kætʃ 〕 *v.* 抓住；
吸引 (注意)
<u>snatch</u>[5] 〔 snætʃ 〕 *v.* 搶奪

G9 其他重要動詞

1. **consult**[4]（kən'sʌlt）v. 查閱；
   請教
   consultant[4]（kən'sʌltənt）
   n. 顧問
   consultation[6]（ˌkɑnsḷ'teʃən）
   n. 諮詢

2. **formula**[4]（'fɔrmjələ）n.
   公式；式
   formulate[6]（'fɔrmjəˌlet）v.
   使公式化

3. **manage**[3]（'mænɪdʒ）v. 設法；
   管理
   management[3]（'mænɪdʒmənt）
   n. 管理

4. **manager**[3]（'mænɪdʒɚ）n. 經理
   manageable[3]（'mænɪdʒəbḷ）
   adj. 可管理的

5. **repeat**[2]（rɪ'pit）v. 重複
   repetition[4]（ˌrɛpɪ'tɪʃən）n.
   重複

6. **cream**[2]（krim）n. 奶油
   scream[3]（skrim）v. 尖叫

7. **commit**[4]（kə'mɪt）v. 犯（罪）
   committee[3]（kə'mɪtɪ）n.
   委員會

8. **commitment**[6]（kə'mɪtmənt）
   n. 承諾
   commission[5]（kə'mɪʃən）
   n. 佣金

9. **identify**[4]（aɪ'dɛntəˌfaɪ）v.
   辨識；確認
   identity[3]（aɪ'dɛntətɪ）n. 身分

10. **identical**[4]（aɪ'dɛntɪkḷ）adj.
    完全相同的
    identification[4]
    （aɪˌdɛntəfə'keʃən）n. 確認身
    份；身份證明（文件）

identification

11. **dense**[4]（dɛns）adj. 濃密的
    condense[6]（kən'dɛns）v. 濃縮

12. **propose**[2]（prə'poz）v. 提議
    proposal[3]（prə'pozḷ）n. 提議

G10 其他重要副詞

1. **mean**[1] 〔 min 〕 *v.* 意思是
   <u>meanwhile</u>[3] 〔'min,hwaɪl 〕 *adv.*
   同時

2. **hen**[2] 〔 hɛn 〕 *n.* 母雞
   <u>hence</u>[5] 〔 hɛns 〕 *adv.*
   因此 (= *therefore*[2])

   hen

3. **never**[1] 〔'nɛvɚ 〕 *adv.* 從未
   <u>nevertheless</u>[4] 〔,nɛvɚðə'lɛs 〕
   adv. 然而;仍然 (= *however*[2])

4. **further**[2] 〔'fɜðɚ 〕 *adj.* 更進一步的
   adv. 更進一步地
   <u>furthermore</u>[4] 〔'fɜðɚ,mor 〕
   adv. 此外 (= *moreover*[4])

5. **hardly**[2] 〔'hardlɪ 〕 *adv.*
   幾乎不
   <u>scarcely</u>[4] 〔'skɛrslɪ 〕 *adv.*
   幾乎不
   　　　　　　　　　　　同義字

6. **gradual**[3] 〔'grædʒuəl 〕 *adj.*
   逐漸的
   <u>gradually</u>[3] 〔'grædʒuəlɪ 〕 *adv.*
   逐漸地

7. **name**[1] 〔 nem 〕 *n.* 名字　*v.* 命名
   <u>namely</u>[4] 〔'nemlɪ 〕 *adv.*
   也就是說

8. **large**[1] 〔 lardʒ 〕 *adj.* 大的
   <u>largely</u>[4] 〔'lardʒlɪ 〕 *adv.*
   大部分;大多 (= *mostly*[4])

9. **bad**[1] 〔 bæd 〕 *adj.* 不好的
   <u>badly</u>[3] 〔'bædlɪ 〕 *adv.* 差勁地;
   嚴重地

10. **like**[1] 〔 laɪk 〕 *v.* 喜歡　*prep.* 像
    <u>likewise</u>[6] 〔'laɪk,waɪz 〕 *adv.*
    同樣地

11. **bare**[3] 〔 bɛr 〕 *adj.* 赤裸的
    <u>barely</u>[3] 〔'bɛrlɪ 〕 *adv.* 幾乎不

    bare

12. **event**[2] 〔 ɪ'vɛnt 〕 *n.* 事件
    <u>eventual</u>[4] 〔 ɪ'vɛntʃuəl 〕
    adj. 最後的
    <u>eventually</u>[4] 〔 ɪ'vɛntʃuəlɪ 〕
    adv. 最後;終於

Group H 產生 / 持續

H1 位於・居住

1. **exist**[2] 〔 ɪɡˋzɪst 〕 *v.* 存在
   <u>existence</u>[3] 〔 ɪɡˋzɪstəns 〕 *n.*
   存在

2. **locate**[2] 〔ˋloket 〕 *v.* 使位於
   <u>location</u>[4] 〔 loˋkeʃən 〕 *n.*
   位置
   <u>local</u>[2] 〔ˋlokl̩ 〕 *adj.* 當地的

3. **settle**[2] 〔ˋsɛtl̩ 〕 *v.* 定居；解決
   <u>settlement</u>[2] 〔ˋsɛtl̩mənt 〕 *n.*
   定居；解決；殖民
   <u>settler</u>[4] 〔ˋsɛtlɚ 〕 *n.* 殖民者；
   移民

4. **occupy**[4] 〔ˋɑkjə͵paɪ 〕 *v.* 佔據
   <u>occupation</u>[4] 〔͵ɑkjəˋpeʃən 〕 *n.*
   職業；佔領

5. **status**[4] 〔ˋstetəs 〕 *n.* 地位
   <u>statue</u>[3] 〔ˋstætʃʊ 〕 *n.* 雕像

6. **inhabit**[6] 〔 ɪnˋhæbɪt 〕 *v.* 居住於
   (= *dwell in* = *reside in* = *live in*)
   <u>inhabitant</u>[6] 〔 ɪnˋhæbətənt 〕 *n.*
   居民

7. **well**[1] 〔 wɛl 〕 *adv.* 很好
   <u>dwell</u>[5] 〔 dwɛl 〕 *v.* 居住
   <u>dwelling</u>[5] 〔ˋdwɛlɪŋ 〕 *n.* 住宅

8. **reside**[5] 〔 rɪˋzaɪd 〕 *v.* 居住
   <u>residence</u>[5] 〔ˋrɛzədəns 〕 *n.*
   住宅

9. **resident**[5] 〔ˋrɛzədənt 〕 *n.* 居民
   <u>residential</u>[6] 〔͵rɛzəˋdɛnʃəl 〕
   adj. 住宅的

10. **situation**[3] 〔͵sɪtʃʊˋeʃən 〕 *n.* 情況
    <u>evaluation</u>[4] 〔 ɪ͵væljʊˋeʃən 〕
    n. 評價

evaluation

H2　開始・出現

1. **initiate**[5]〔ɪ'nɪʃɪ,et〕v. 創始
   <u>initial</u>[4]〔ɪ'nɪʃəl〕adj. 最初的
   <u>initiative</u>[6]〔ɪ'nɪʃɪ,etɪv〕n.
   主動權

2. **commerce**[4]〔'kɑmɝs〕n. 商業
   <u>commence</u>[6]〔kə'mɛns〕v.
   開始

3. **resume**[5]〔rɪ'zum〕v. 再繼續
   <u>résumé</u>[5]〔,rɛzu'me〕n. 履歷表
   (= *resume*)

4. **emerge**[4]〔ɪ'mɝdʒ〕v. 出現
   <u>emergency</u>[3]〔ɪ'mɝdʒənsɪ〕n.
   緊急情況

5. **lunch**[1]〔lʌntʃ〕n. 午餐
   <u>launch</u>[4]〔lɔntʃ〕v. 發射；
   發動

launch

6. **origin**[3]〔'ɔrədʒɪn〕n. 起源
   <u>original</u>[3]〔ə'rɪdʒənl̩〕adj.
   最初的；原本的
   <u>originally</u>[3]〔ə'rɪdʒənlɪ〕adv.
   最初；原本

7. **originate**[6]〔ə'rɪdʒə,net〕
   v. 起源
   <u>originality</u>[6]〔ə,rɪdʒə'nælətɪ〕
   n. 創意；獨創性

8. **sauce**[2]〔sɔs〕n. 醬汁
   <u>source</u>[2]〔sors〕n. 來源
   a reliable source 可靠的消
   息來源

9. **depart**[4]〔dɪ'part〕v. 離開
   <u>departure</u>[4]〔dɪ'partʃə〕
   n. 離開；出發
   <u>department</u>[2]〔dɪ'partmənt〕
   n. 部門；系

H3　發生・災變

1. **occur**[2] 〔 əˋkʒ 〕 *v.* 發生
   <u>occurrence</u>[5] 〔 əˋkʒəns 〕 *n.*
   事件

2. **burst**[2] 〔 bʒst 〕 *v.* 爆破
   <u>explode</u>[3] 〔 ɪkˋsplod 〕
   v. 爆炸　}同義字

explode

3. **counter**[4] 〔 ˋkaʊntɚ 〕 *n.* 櫃台
   <u>encounter</u>[4] 〔 ɪnˋkaʊntɚ 〕 *v.*
   遭遇

4. **cannon**[5] 〔 ˋkænən 〕 *n.* 大砲
   <u>phenomenon</u>[4] 〔 fəˋnaməˏnɑn 〕
   n. 現象
   <u>phenomena</u> 〔 fəˋnamənə 〕
   n. pl. 現象

5. **fair**[2] 〔 fɛr 〕 *adj.* 公平的
   <u>affair</u>[2] 〔 əˋfɛr 〕 *n.* 事情

6. **incident**[4] 〔 ˋɪnsədənt 〕 *n.* 事件
   <u>incidental</u>[6] 〔 ˏɪnsəˋdɛntḷ 〕 *adj.*
   附帶的；偶發的

7. **accident**[3] 〔 ˋæksədənt 〕 *n.* 意外
   <u>accidental</u>[4] 〔 ˏæksəˋdɛntḷ 〕
   adj. 意外的；偶然的

8. **trophy**[6] 〔 ˋtrofɪ 〕 *n.* 戰利品；
   獎品
   <u>catastrophe</u>[6] 〔 kəˋtæstrəfɪ 〕
   n. 大災難

9. **peril**[5] 〔 ˋpɛrəl 〕 *n.* 危險
   <u>perish</u>[5] 〔 ˋpɛrɪʃ 〕 *v.* 死亡
   (= *die*[1])

10. **fortune**[3] 〔 ˋfɔrtʃən 〕 *n.* 運氣；
    財富
    <u>misfortune</u>[4] 〔 mɪsˋfɔrtʃən 〕
    n. 不幸

11. **cry**[1] 〔 kraɪ 〕 *v.* 哭
    <u>crisis</u>[2] 〔 ˋkraɪsɪs 〕 *n.* 危機

12. **disaster**[4] 〔 dɪzˋæstɚ 〕 *n.* 災難
    <u>disastrous</u>[6] 〔 dɪzˋæstrəs 〕
    adj. 悲慘的

H4 移動・交換

1. **deliver**[2] 〔 dɪˈlɪvɚ 〕 *v.* 遞送
   <u>delivery</u>[3] 〔 dɪˈlɪvərɪ 〕 *n.* 遞送

2. **transfer**[4] 〔 trænsˈfɝ 〕 *v.* 轉移；
   轉學；轉車；調職
   <u>transform</u>[4] 〔 trænsˈfɔrm 〕 *v.*
   轉變

3. **convey**[4] 〔 kənˈve 〕 *v.* 傳達
   <u>convict</u>[5] 〔 kənˈvɪkt 〕 *v.* 定罪

4. **lift**[1] 〔 lɪft 〕 *v.* 舉起
   <u>shift</u>[4] 〔 ʃɪft 〕 *v.* 改變；換（檔）
   n. 輪班
   night shift 晚班

5. **transport**[3] 〔 trænsˈport 〕 *v.* 運輸
   <u>transportation</u>[4]
   〔ˌtrænspɚˈteʃən 〕 *n.* 運輸系統

6. **import**[3] 〔 ɪmˈport 〕 *v.* 進口
   <u>export</u>[3] 〔 ɪksˈport, ɛksˈport 〕
   v. 出口 } 相反詞

7. **change**[2] 〔 tʃendʒ 〕 *v.* 改變
   <u>exchange</u>[3] 〔 ɪksˈtʃendʒ 〕 *v.*
   交換

8. **replace**[3] 〔 rɪˈples 〕 *v.* 取代
   <u>replacement</u>[3] 〔 rɪˈplesmənt 〕
   n. 取代

9. **substitute**[5] 〔ˈsʌbstəˌtjut 〕 *v.*
   用…代替
   <u>substitution</u>[6]
   〔ˌsʌbstəˈtjuʃən 〕 *n.* 代理；替換

10. **migrate**[6] 〔ˈmaɪgret 〕 *v.* 遷移
    <u>migrant</u>[5] 〔ˈmaɪgrənt 〕 *n.*
    移居者
    <u>migration</u>[6] 〔 maɪˈgreʃən 〕 *n.*
    遷移

11. **immigrate**[4] 〔ˈɪməˌgret 〕 *v.*
    移入（↔ *emigrate*[6] *v.* 移出）
    <u>immigrant</u>[4] 〔ˈɪməgrənt 〕
    n.（從外國來的）移民
    <u>immigration</u>[4] 〔ˌɪməˈgreʃən 〕
    n. 移入

12. **edition**[3] 〔 ɪˈdɪʃən 〕 *n.*（發行
    物的）版
    <u>expedition</u>[6] 〔ˌɛkspɪˈdɪʃən 〕
    n. 探險（隊）；遠征

H5　集合・統一

1. **connect**[3] 〔 kə'nɛkt 〕 v. 連接
   connection[3] 〔 kə'nɛkʃən 〕 n.
   關聯

2. **collect**[2] 〔 kə'lɛkt 〕 v. 收集；聚集
   collector[6] 〔 kə'lɛktɚ 〕 n. 收藏家

3. **collection**[3] 〔 kə'lɛkʃən 〕 n.
   收集；收藏品
   collective[6] 〔 kə'lɛktɪv 〕 adj.
   集體的

4. **assemble**[4] 〔 ə'sɛmbḷ 〕 v. 集合；
   裝配
   assembly[4] 〔 ə'sɛmblɪ 〕 n. 集會；
   裝配

5. **integrate**[6] 〔 'ɪntə,gret 〕 v. 整合
   integration[6] 〔 ,ɪntə'greʃən 〕 n.
   整合

6. **ink**[2] 〔 ɪŋk 〕 n. 墨水
   link[2] 〔 lɪŋk 〕 v. 連結

7. **concentrate**[4] 〔 'kɑnsṇ,tret 〕 v.
   專心；集中
   concentration[4] 〔 ,kɑnsṇ'treʃən 〕
   n. 專心；集中

8. **accumulate**[6] 〔 ə'kjumjə,let 〕
   v. 累積
   accumulation[6]
   〔 ə,kjumjə'leʃən 〕 n. 累積

9. **focus**[2] 〔 'fokəs 〕 n. 焦點
   v. 對準焦點；集中
   circus[3] 〔 'sɝkəs 〕 n. 馬戲團

10. **train**[1] 〔 tren 〕 v. 訓練
    strain[5] 〔 stren 〕 v. 拉緊
    n. 緊張；壓力

11. **attend**[2] 〔 ə'tɛnd 〕 v. 參加；
    上（學）；服侍
    attendant[6] 〔 ə'tɛndənt 〕 n.
    服務員

12. **attention**[2] 〔 ə'tɛnʃən 〕 n. 注意力
    attendance[5] 〔 ə'tɛndəns 〕 n.
    參加人數

13. **tense**[4] 〔 tɛns 〕 adj. 緊張的
    tension[4] 〔 'tɛnʃən 〕 n. 緊張

14. **unit**[1] 〔 'junɪt 〕 n. 單位
    unity[3] 〔 'junətɪ 〕 n. 統一
    unify[6] 〔 'junə,faɪ 〕 v. 統一

15. **uniform**[2] 〔 'junə,fɔrm 〕 n. 制服
    union[3] 〔 'junjən 〕 n. 聯盟；工會

H6 附著・堅定

1. **attach**[4] 〔ə'tætʃ〕*v.* 附上
   **attachment**[4] 〔ə'tætʃmənt〕*n.*
   附屬品

2. **strict**[2] 〔strɪkt〕*adj.* 嚴格的
   **restrict**[3] 〔rɪ'strɪkt〕*v.* 限制；
   限定

3. **stiff**[3] 〔stɪf〕*adj.* 僵硬的
   **sniff**[5] 〔snɪf〕*v.* 嗅
   **sheriff**[5] 〔'ʃɛrɪf〕*n.* 警長

sniff

4. **cling**[5] 〔klɪŋ〕*v.* 黏住；緊抓住
   **clinic**[3] 〔'klɪnɪk〕*n.* 診所

5. **rigid**[5] 〔'rɪdʒɪd〕*adj.* 嚴格的
   **frigid**〔'frɪdʒɪd〕*adj.* 寒冷的

frigid

6. **cohere** 〔ko'hɪr〕*v.* 附著；前後
   一致
   **coherent**[6] 〔ko'hɪrənt〕*adj.*
   有條理的；前後一致的

7. **bound**[5] 〔baʊnd〕*adj.* 被束縛的
   **boundary**[5] 〔'baʊndərɪ〕*n.*
   邊界

boundary

H7　前進・結果

1. **precede**[6] 〔 pri'sid 〕 v. 在…之前
   precedent[6] 〔'prɛsədənt 〕 n.
   先例

2. **progress**[2] 〔'prɑgrɛs 〕 n. 進步
   progressive[6] 〔 prə'grɛsɪv 〕
   adj. 進步的

3. **frequent**[3] 〔'frikwənt 〕 adj.
   經常的
   subsequent[6] 〔'sʌbsɪ,kwɛnt 〕
   adj. 隨後的

4. **result**[2] 〔 rɪ'zʌlt 〕 n. 結果　v. 導致
   insult[4] 〔 ɪn'sʌlt 〕 v. 侮辱

insult

5. **sequence**[6] 〔'sikwəns 〕 n.
   連續；一連串
   consequence[4]
   〔'kɑnsə,kwɛns 〕 n. 後果

6. **advance**[2] 〔 əd'væns 〕 v.
   前進
   advanced[3] 〔 əd'vænst 〕 adj.
   高深的；先進的

7. **effect**[2] 〔 ɪ'fɛkt 〕 n. 影響；
   效果
   effective[2] 〔 ɪ'fɛktɪv 〕 adj.
   有效的

8. **consequent**[4] 〔'kɑnsə,kwɛnt 〕
   adj. 接著發生的
   consequently[4]
   〔'kɑnsə,kwɛntlɪ 〕 adv. 因此
   (= *therefore*[2])

H8 繼續・持久

1. **continue**[1] 〔kən'tɪnju〕 *v.* 繼續
   <u>continuity</u>[5] 〔,kɑntə'njuətɪ〕 *n.*
   連續

2. **continuous**[4] 〔kən'tɪnjuəs〕
   adj. 連續的
   <u>continual</u>[4] 〔kən'tɪnjuəl〕
   adj. 連續的

3. **proceed**[4] 〔prə'sid〕 *v.* 前進
   <u>procedure</u>[4] 〔prə'sidʒə〕 *n.*
   程序

4. **process**[3] 〔'prɑsɛs〕 *n.* 過程
   <u>procession</u>[5] 〔prə'sɛʃən〕 *n.*
   行列

procession

5. **remain**[3] 〔rɪ'men〕 *v.* 留下；
   仍然
   <u>remainder</u>[6] 〔rɪ'mendə〕 *n.*
   剩餘部分

6. **permanent**[4] 〔'pɜmənənt〕
   adj. 永久的
   <u>temporary</u>[3] 〔'tɛmpə,rɛrɪ〕
   adj. 暫時的
   〕相反詞

7. **eternal**[5] 〔ɪ'tɜnḷ〕 *adj.* 永恆的；
   永遠的
   <u>eternity</u>[6] 〔ɪ'tɜnətɪ〕 *n.* 永恆

8. **infinite**[5] 〔'ɪnfənɪt〕 *adj.* 無限的
   <u>definite</u>[4] 〔'dɛfənɪt〕 *adj.*
   明確的

9. **ultimate**[6] 〔'ʌltəmɪt〕 *adj.*
   最終的
   <u>ultimately</u>[6] 〔'ʌltəmɪtlɪ〕 *adv.*
   最後 (= *eventually*[4] = *finally*[1])

H9　毀滅・缺乏

1. **van**³ 〔væn〕 *n.* 小型有蓋貨車
   <u>vanish</u>³ 〔'vænɪʃ〕 *v.* 消失

2. **collide**⁶ 〔kə'laɪd〕 *v.* 相撞
   <u>collapse</u>⁴ 〔kə'læps〕 *v.* 倒塌；
   倒下

collide

3. **deceive**⁵ 〔dɪ'siv〕 *v.* 欺騙
   <u>decay</u>⁵ 〔dɪ'ke〕 *v.* 腐爛

4. **luck**² 〔lʌk〕 *n.* 運氣；幸運
   <u>lack</u>¹ 〔læk〕 *v. n.* 缺乏

5. **deficient**⁶ 〔dɪ'fɪʃənt〕 *adj.*
   缺乏的
   <u>deficiency</u>⁶ 〔dɪ'fɪʃənsɪ〕 *n.*
   不足

6. **short**¹ 〔ʃɔrt〕 *adj.* 短的；矮的；
   缺乏的
   <u>shortage</u>⁵ 〔'ʃɔrtɪdʒ〕 *n.* 缺乏

7. **perfect**² 〔'pɝfɪkt〕 *adj.* 完美的
   <u>defect</u>⁶ 〔'difɛkt, dɪ'fɛkt〕 *n.*
   瑕疵；缺點

8. **rain**¹ 〔ren〕 *n.* 雨　*v.* 下雨
   <u>vain</u>⁴ 〔ven〕 *adj.* 徒勞無功的
   in vain 徒勞無功

9. **vacant**³ 〔'vekənt〕 *adj.* 空的
   <u>vacancy</u>⁵ 〔'vekənsɪ〕 *n.* （職務
   的）空缺；空房間

10. **follow**¹ 〔'falo〕 *v.* 跟隨；遵守
    <u>hollow</u>³ 〔'halo〕 *adj.* 中空的

hollow

H10 昇降・撤退・侵入

1. **bread**[1] 〔 brɛd 〕 *n.* 麵包

   <u>tread</u>[6] 〔 trɛd 〕 *v.* 行走；踩

   <u>treadmill</u>[6] 〔 'trɛd,mɪl 〕 *n.*
   跑步機

   treadmill

2. **weep**[3] 〔 wip 〕 *v.* 哭泣

   <u>creep</u>[3] 〔 krip 〕 *v.* 悄悄地前進

3. **ascend**[5] 〔 ə'sɛnd 〕 *v.* 上升

   <u>descend</u>[6] 〔 dɪ'sɛnd 〕 *v.*
   下降

   <u>descendant</u>[6] 〔 dɪ'sɛndənt 〕 *n.*
   子孫

   相反詞

4. **wander**[3] 〔 'wɑndɚ 〕 *v.* 徘徊；
   流浪

   <u>wonder</u>[2] 〔 'wʌndɚ 〕 *v.* 想知道
   n. 驚奇；奇觀

   <u>wonderful</u>[2] 〔 'wʌndɚfəl 〕 *adj.*
   很棒的

5. **drift**[4] 〔 drɪft 〕 *v.* 漂流

   <u>thrift</u>[6] 〔 θrɪft 〕 *n.* 節儉

6. **circulate**[4] 〔 'sɝkjə,let 〕 *v.* 循環

   <u>circulation</u>[4] 〔 ,sɝkjə'leʃən 〕 *n.*
   循環

7. **treat**[5,2] 〔 trit 〕 *v.* 對待；治療；
   認為　*n.* 請客

   <u>retreat</u>[4] 〔 rɪ'trit 〕 *v.* 撤退

8. **invade**[4] 〔 ɪn'ved 〕 *v.* 入侵

   <u>invasion</u>[4] 〔 ɪn'veʒən 〕 *n.*
   侵略；侵害

9. **intrude**[6] 〔 ɪn'trud 〕 *v.* 闖入；
   打擾

   <u>intruder</u>[6] 〔 ɪn'trudɚ 〕 *n.*
   入侵者

10. **penalty**[4] 〔 'pɛn̩tɪ 〕 *n.* 刑罰

    <u>penetrate</u>[5] 〔 'pɛnə,tret 〕 *v.*
    穿透

    penetrate

Group I 情緒

I1　熱度・友善

1. **attract**[3] 〔əˋtrækt〕 v. 吸引
   attraction[4] 〔əˋtrækʃən〕 n.
   吸引力
   attractive[3] 〔əˋtræktɪv〕 adj.
   吸引人的

2. **tempt**[5] 〔tɛmpt〕 v. 引誘
   temptation[5] 〔tɛmpˋteʃən〕 n.
   誘惑

3. **fascinate**[5] 〔ˋfæsn͵et〕 v. 使著迷
   fascination[6] 〔͵fæsnˋeʃən〕 n.
   魅力

4. **absorb**[4] 〔əbˋsɔrb〕 v. 吸收；
   使熱衷；使全神貫注
   absurd[5] 〔əbˋsɝd〕 adj. 荒謬的

5. **bulge**[4] 〔bʌldʒ〕 v. 鼓起；裝滿
   indulge[5] 〔ɪnˋdʌldʒ〕 v. 使沈迷

6. **intimate**[4] 〔ˋɪntəmɪt〕 adj. 親密的
   intimacy[6] 〔ˋɪntəməsɪ〕 n. 親密

7. **smooth**[3] 〔smuð〕 adj. 平滑的
   soothe[6] 〔suð〕 v. 安撫

soothe

8. **console**[5] 〔kənˋsol〕 v. 安慰
   consolation[6] 〔͵kɑnsəˋleʃən〕
   n. 安慰

9. **Amy** 〔ˋemɪ〕 n. 艾咪【女子名】
   amiable[6] 〔ˋemɪəbḷ〕 adj.
   友善的

10. **popular**[2,3] 〔ˋpɑpjələ〕 adj.
    受歡迎的；流行的
    popularity[4] 〔͵pɑpjəˋlærətɪ〕
    n. 受歡迎

11. **favor**[2] 〔ˋfevɚ〕 n. 恩惠；幫忙
    favorite[2] 〔ˋfevərɪt〕 adj. 最喜
    愛的
    favorable[4] 〔ˋfevərəbḷ〕 adj.
    有利的

I2 敬佩・讚美・壯麗

1. **admire**[3] 〔 əd'maɪr 〕 v. 欽佩
   admiration[4] 〔ˌædmə'reʃən 〕 n.
   欽佩
   admirable[4] 〔'ædmərəbl̩ 〕 adj.
   值得讚賞的；令人欽佩的

2. **respect**[2] 〔 rɪ'spɛkt 〕 v. n. 尊敬
   respectable[4] 〔 rɪ'spɛktəbl̩ 〕
   adj. 可敬的

3. **respectful**[4] 〔 rɪ'spɛktfəl 〕 adj.
   恭敬的
   respective[6] 〔 rɪ'spɛktɪv 〕 adj.
   個別的

4. **raise**[1] 〔 rez 〕 v. 提高；舉起
   praise[2] 〔 prez 〕 v. n. 稱讚

5. **celebrate**[3] 〔'sɛlə,bret 〕 v. 慶祝
   celebration[4] 〔ˌsɛlə'breʃən 〕 n.
   慶祝活動
   celebrity[5] 〔 sə'lɛbrətɪ 〕 n. 名人

6. **congratulate**[4] 〔 kən'grætʃə,let 〕
   v. 祝賀
   congratulations[2]
   〔 kənˌgrætʃə'leʃənz 〕 n. pl. 恭喜

7. **applaud**[5] 〔 ə'plɔd 〕 v. 鼓掌
   applause[5] 〔 ə'plɔz 〕 n. 鼓掌

8. **splendid**[4] 〔'splɛndɪd 〕 adj.
   壯麗的
   splendor[5] 〔'splɛndɚ 〕 n.
   光輝；華麗

9. **marvel**[5] 〔'mɑrvl̩ 〕 v. 驚訝
   marvelous[3] 〔'mɑrvl̩əs 〕 adj.
   令人驚嘆的；很棒的

10. **brilliant**[3] 〔'brɪljənt 〕 adj.
    燦爛的
    valiant[6] 〔'væljənt 〕 adj.
    英勇的

11. **glory**[3] 〔'glorɪ 〕 n. 光榮
    glorious[4] 〔'glorɪəs 〕 adj.
    光榮的

12. **magnify**[5] 〔'mægnə,faɪ 〕
    v. 放大
    magnificent[4]
    〔 mæg'nɪfəsn̩t 〕 adj. 壯麗的；
    很棒的

13. **reputation**[4]
    〔ˌrɛpjə'teʃən 〕 n. 名聲 ⎱ 同義字
    fame[4] 〔 fem 〕 n. 名聲 ⎰

13　宗教・崇敬

1. **religion**[3] ﹝ rɪˈlɪdʒən ﹞ *n.* 宗教
   religious[3] ﹝ rɪˈlɪdʒəs ﹞ *adj.*
   宗教的；虔誠的

2. **ship**[1] ﹝ ʃɪp ﹞ *n.* 船
   worship[5] ﹝ ˈwɝʃəp ﹞ *n.* 崇拜

3. **charity**[4] ﹝ ˈtʃærətɪ ﹞ *n.* 慈善機構
   charitable[6] ﹝ ˈtʃærətəbl̩ ﹞ *adj.*
   慈善的

4. **ceremony**[5] ﹝ ˈsɛrə͵monɪ ﹞ *n.*
   典禮
   harmony[4] ﹝ ˈharmənɪ ﹞ *n.* 和諧

5. **rite**[6] ﹝ raɪt ﹞ *n.* 儀式
   ritual[6] ﹝ ˈrɪtʃʊəl ﹞ *adj.* 儀式的；
   祭典的

6. **sacred**[5] ﹝ ˈsekrɪd ﹞ *adj.* 神聖的
   sacrifice[4] ﹝ ˈsækrə͵faɪs ﹞ *v. n.*
   犧牲

7. **victim**[3] ﹝ ˈvɪktɪm ﹞ *n.* 受害者
   victimize[6] ﹝ ˈvɪktɪm͵aɪz ﹞ *v.*
   使受害

8. **divide**[2] ﹝ dəˈvaɪd ﹞ *v.* 劃分；分割
   divine[4] ﹝ dəˈvaɪn ﹞ *adj.* 神聖的

9. **pious**[6] ﹝ ˈpaɪəs ﹞ *adj.* 虔誠的
   piety[6] ﹝ ˈpaɪətɪ ﹞ *n.* 虔誠；孝順
   filial piety 孝順

10. **sole**[5] ﹝ sol ﹞ *adj.* 唯一的
    (= *only*[1])
    solemn[5] ﹝ ˈsaləm ﹞ *adj.* 嚴肅的
    solemnly[5] ﹝ ˈsaləmlɪ ﹞ *adv.*
    嚴肅地
    I solemnly swear to study hard.
    我鄭重宣誓要用功讀書。

11. **majestic**[5] ﹝ məˈdʒɛstɪk ﹞ *adj.*
    雄偉的
    majesty[5] ﹝ ˈmædʒɪstɪ ﹞ *n.* 威嚴
    Your Majesty 陛下

12. **dig**[1] ﹝ dɪg ﹞ *v.* 挖
    dignity[4] ﹝ ˈdɪgnətɪ ﹞ *n.* 尊嚴

    dig

13. **mercy**[4] ﹝ ˈmɝsɪ ﹞ *n.* 慈悲
    merge[6] ﹝ mɝdʒ ﹞ *v.* 合併

I 4 輕視・荒謬・粗俗

1. **attempt**[3] 〔 ə'tɛmpt 〕 *n. v.* 企圖；
嘗試
<u>contempt</u>[5] 〔 kən'tɛmpt 〕 *n.*
輕視

contempt

2. **despite**[4] 〔 dɪ'spaɪt 〕 *prep.* 儘管
<u>despise</u>[5] 〔 dɪ'spaɪz 〕 *v.* 輕視

3. **corn**[1] 〔 kɔrn 〕 *n.* 玉米
<u>scorn</u>[5] 〔 skɔrn 〕 *v.* 輕視；
瞧不起

4. **famous**[2] 〔 'feməs 〕 *adj.* 有名的
<u>infamous</u> 〔 'ɪnfəməs 〕 *adj.*
惡名昭彰的【注意發音】

5. **disgust**[4] 〔 dɪs'gʌst 〕 *v.* 使厭惡
<u>disgusting</u>[4] 〔 dɪs'gʌstɪŋ 〕 *adj.*
令人厭惡的

6. **silk**[2] 〔 sɪlk 〕 *n.* 絲
<u>silly</u>[1] 〔 'sɪlɪ 〕 *adj.* 愚蠢的

7. **corrupt**[5] 〔 kə'rʌpt 〕 *adj.*
貪污的；腐敗的
<u>corruption</u>[6] 〔 kə'rʌpʃən 〕 *n.*
貪污；腐敗

8. **absurd**[5] 〔 əb'sɝd 〕 *adj.*
荒謬的
<u>ridiculous</u>[5] 〔 rɪ'dɪkjələs 〕
adj. 荒謬的；可笑的 } 同義字

9. **rude**[2] 〔 rud 〕 *adj.* 無禮的
<u>crude</u>[6] 〔 krud 〕 *adj.* 未經加
工的

10. **vulgar**[6] 〔 'vʌlgɚ 〕 *adj.* 粗俗的
<u>vulnerable</u>[6] 〔 'vʌlnərəbḷ 〕
adj. 易受傷害的

11. **course**[1] 〔 kɔrs 〕 *n.* 課程
<u>coarse</u>[4] 〔 kors 〕 *adj.*
粗糙的 } 同音字

I5　行為・態度

1. **excuse**² 〔 ɪk'skjuz 〕 v. 原諒
   execute⁵ 〔'ɛksɪ,kjut 〕 v. 執行；
   處死

2. **apologize**⁴ 〔 ə'pɑlə,dʒaɪz 〕 v.
   道歉
   apology⁴ 〔 ə'pɑlədʒɪ 〕 n. 道歉

3. **regret**³ 〔 rɪ'grɛt 〕 v. n. 後悔
   regretful 〔 rɪ'grɛtfəl 〕 adj.
   後悔的

4. **behave**³ 〔 bɪ'hev 〕 v. 行為舉止
   behavior⁴ 〔 bɪ'hevjə 〕 n. 行為

5. **boat**¹ 〔 bot 〕 n. 船
   boast⁴ 〔 bost 〕 v. 自誇

6. **flat**² 〔 flæt 〕 adj. 平的
   flatter⁴ 〔'flætə 〕 v. 奉承；討好

7. **sigh**³ 〔 saɪ 〕 n. v. 嘆息
   thigh⁵ 〔 θaɪ 〕 n. 大腿

8. **envy**³ 〔'ɛnvɪ 〕 n. v. 羨慕；嫉妒
   envious⁴ 〔'ɛnvɪəs 〕 adj.
   羨慕的；嫉妒的

9. **complain**² 〔 kəm'plen 〕 v.
   抱怨
   complaint³ 〔 kəm'plent 〕 n.
   抱怨

10. **attitude**³ 〔'ætə,tjud 〕 n. 態度
    aptitude⁶ 〔'æptə,tjud 〕 n.
    性向；才能

11. **hospital**² 〔'hɑspɪtḷ 〕 n. 醫院
    hospitable⁶ 〔'hɑspɪtəbḷ 〕
    adj. 好客的
    hospitality⁶ 〔,hɑspɪ'tælətɪ 〕
    n. 好客；慇懃款待

hospitable

12. **justice**³ 〔'dʒʌstɪs 〕 n. 正義
    prejudice⁶ 〔'prɛdʒədɪs 〕 n.
    偏見

13. **stereo**³ 〔'stɛrɪo 〕 n. 立體音響
    stereotype⁵ 〔'stɛrɪə,taɪp 〕 n.
    刻板印象

16 禮貌・美德

1. **polite**[2] 〔 pə'laɪt 〕 *adj.*
   有禮貌的
   <u>impolite</u>[2] 〔 ͵ɪmpə'laɪt 〕 *adj.*
   不禮貌的 〕反義字

2. **court**[2] 〔 kort 〕 *n.* 法院；
   （網球）球場
   <u>courteous</u>[4] 〔'kɜtɪəs 〕 *adj.* 有禮
   貌的
   <u>courtesy</u>[4] 〔'kɜtəsɪ 〕 *n.* 禮貌

courteous

3. **formal**[2] 〔'fɔrml̩ 〕 *adj.* 正式的
   <u>format</u>[5] 〔'fɔrmæt 〕 *n.* 格式

4. **decent**[6] 〔'disn̩t 〕 *adj.* 高尚的
   <u>descent</u>[6] 〔 dɪ'sɛnt 〕 *n.* 下降

5. **science**[2] 〔'saɪəns 〕 *n.* 科學
   <u>conscience</u>[4] 〔'kɑnʃəns 〕
   n. 良心
   <u>conscientious</u>[6] 〔 ͵kɑnʃɪ'ɛnʃəs 〕
   adj. 有良心的；負責盡職的

6. **sob**[4] 〔 sɑb 〕 *v.* 啜泣
   <u>sober</u>[5] 〔'sobɚ 〕 *adj.* 清醒的

7. **sincere**[3] 〔 sɪn'sɪr 〕 *adj.* 真誠的
   <u>sincerity</u>[4] 〔 sɪn'sɛrətɪ 〕 *n.*
   真誠

8. **obey**[2] 〔 ə'be 〕 *v.* 服從；遵守
   <u>obedient</u>[4] 〔 ə'bidɪənt 〕 *adj.*
   服從的
   <u>obedience</u>[4] 〔 ə'bidɪəns 〕 *n.*
   服從

9. **loyal**[4] 〔'lɔɪəl 〕 *adj.* 忠實的
   <u>loyalty</u>[4] 〔'lɔɪəltɪ 〕 *n.* 忠實

10. **moral**[3] 〔'mɔrəl 〕 *adj.* 道德的
    <u>morality</u>[6] 〔 mɔ'rælətɪ 〕 *n.*
    道德

11. **virtue**[4] 〔'vɜtʃʊ 〕 *n.* 美德
    <u>virtual</u>[6] 〔'vɜtʃʊəl 〕 *adj.* 實際上
    的；虛擬的
    <u>virtually</u>[6] 〔'vɜtʃʊəlɪ 〕 *adv.*
    實際上
    virtual reality 虛擬實境

17　虛偽・罪惡・恥辱

1. **heat**[1]〔 hit 〕*n.* 熱

   cheat[2]〔 tʃit 〕*v.* 欺騙；作弊

2. **receive**[1]〔 rɪ'siv 〕*v.* 收到

   deceive[5]〔 dɪ'siv 〕*v.* 欺騙

3. **humiliate**[6]〔 hju'mɪlɪ,et 〕*v.*
   使丟臉

   humiliation〔 hju,mɪlɪ'eʃən 〕*n.*
   屈辱

4. **tray**[3]〔 tre 〕*n.* 托盤

   betray[6]〔 bɪ'tre 〕*v.* 出賣

5. **tend**[3]〔 tɛnd 〕*v.* 易於；傾向於

   pretend[3]〔 prɪ'tɛnd 〕*v.* 假裝

6. **disgrace**[6]〔 dɪs'gres 〕*n.* 恥辱

   disguise[4]〔 dɪs'gaɪz 〕*v. n.* 偽裝

7. **wicked**[3]〔'wɪkɪd 〕*adj.* 邪惡的

   crooked[6]〔'krʊkɪd 〕*adj.*
   彎曲的

8. **foul**[5]〔 faʊl 〕*adj.* 有惡臭的

   fowl[5]〔 faʊl 〕*n.* 鳥；家禽
   【集合名詞】

   〔同音字〕

9. **vice**[6]〔 vaɪs 〕*n.* 邪惡
   adj. 副的

   vicious[6]〔'vɪʃəs 〕*adj.* 邪惡的

   vice-president[3]
   〔'vaɪs'prɛzədənt 〕*n.* 副總統

   vicious circle 惡性循環

10. **fault**[2]〔 fɔlt 〕*n.* 過錯

    faucet[3]〔'fɔsɪt 〕*n.* 水龍頭

11. **chief**[1]〔 tʃif 〕*adj.* 主要的
    n. 首長

    mischief[4]〔'mɪstʃɪf 〕
    n. 惡作劇【注意發音】

    mischievous[6]〔'mɪstʃɪvəs 〕
    adj. 愛惡作劇的；頑皮的

12. **shame**[3]〔 ʃem 〕*n.* 羞恥

    shameful[4]〔'ʃemful 〕*adj.*
    可恥的

I8 個性・性情

1. **generous**[2] 〔'dʒɛnərəs 〕 *adj.*
   慷慨的
   generosity[4] 〔,dʒɛnə'rɑsətɪ 〕 *n.*
   慷慨

2. **stub** 〔 stʌb 〕 *n.* 煙蒂；票根
   stubborn[3] 〔'stʌbən 〕 *adj.*
   頑固的
   cigarette stub 煙蒂
   ticket stub 票根

3. **nerve**[3] 〔 nɝv 〕 *n.* 神經
   nervous[3] 〔'nɝvəs 〕 *adj.* 緊張的

4. **optimistic**[3]
   〔,ɑptə'mɪstɪk 〕 *adj.* 樂觀的
   pessimistic[4]
   〔,pɛsə'mɪstɪk 〕 *adj.* 悲觀的
   〕 相反詞

5. **modest**[4] 〔'mɑdɪst 〕 *adj.* 謙虛的
   modesty[4] 〔'mɑdəstɪ 〕 *n.* 謙虛

6. **alert**[4] 〔 ə'lɝt 〕 *adj.* 機警的
   assert[6] 〔 ə'sɝt 〕 *v.* 主張；聲稱
   assertive 〔 ə'sɝtɪv 〕 *adj.* 有衝動
   的；自信的；果斷的
   Be alert! 要小心！
   Be assertive! 要有衝勁！

7. **cautious**[5] 〔'kɔʃəs 〕 *adj.* 小心的；
   謹慎的
   caution[5] 〔'kɔʃən 〕 *n.* 小心；
   謹慎

8. **different**[1] 〔'dɪfərənt 〕 *adj.*
   不同的
   indifferent[5] 〔 ɪn'dɪfrənt 〕 *adj.*
   漠不關心的

9. **pass**[1] 〔 pæs 〕 *v.* 經過
   passive[4] 〔'pæsɪv 〕 *adj.* 被動的

10. **amid**[4] 〔 ə'mɪd 〕 *prep.* 在…之中
    timid[4] 〔'tɪmɪd 〕 *adj.* 膽小的

11. **cow**[1] 〔 kaʊ 〕 *n.* 母牛
    coward[3] 〔'kaʊəd 〕 *n.* 懦夫
    cowardly[5] 〔'kaʊədlɪ 〕 *adj.*
    膽小的

12. **courage**[2] 〔'kɝɪdʒ 〕 *n.* 勇氣
    courageous[4] 〔 kə'redʒəs 〕
    adj. 勇敢的

13. **ward**[5] 〔 wɔrd 〕 *n.* 病房；囚房
    v. 躲避
    awkward[4] 〔'ɔkwəd 〕 *adj.*
    笨拙的；不自在的

19 喜怒哀樂

1. **Joyce** 〔dʒɔɪs〕 *n.* 喬依思【女子名】
   <u>rejoice</u>[5] 〔rɪ'dʒɔɪs〕 *v.* 高興

rejoice

2. **entertain**[4] 〔ˌɛntɚ'ten〕 *v.* 娛樂
   <u>entertainment</u>[4]
   〔ˌɛntɚ'tenmənt〕 *n.* 娛樂

3. **amuse**[4] 〔ə'mjuz〕 *v.* 娛樂
   <u>amusement</u>[4] 〔ə'mjuzmənt〕 *n.*
   娛樂

4. **please**[1] 〔pliz〕 *v.* 取悅
   <u>pleasant</u>[2] 〔'plɛznt〕 *adj.* 令人
   愉快的

5. **grateful**[4] 〔'gretfəl〕 *adj.* 感激的
   <u>gratitude</u>[4] 〔'grætə,tjud〕 *n.*
   感激

6. **resent**[5] 〔rɪ'zɛnt〕 *v.* 憎恨
   <u>resentment</u>[5] 〔rɪ'zɛntmənt〕
   n. 憎恨

7. **rag**[3] 〔ræg〕 *n.* 破布
   <u>rage</u>[4] 〔redʒ〕 *n.* 憤怒

8. **satisfy**[2] 〔'sætɪs,faɪ〕 *v.*
   使滿意；滿足
   <u>satisfactory</u>[3] 〔ˌsætɪs'fæktərɪ〕
   adj. 令人滿意的

9. **comfort**[3] 〔'kʌmfɚt〕 *n.* 舒適
   v. 安慰
   <u>comfortable</u>[2] 〔'kʌmfɚtəbḷ〕
   adj. 舒適的；舒服的

10. **fury**[5] 〔'fjʊrɪ〕 *n.* 憤怒
    <u>furious</u>[4] 〔'fjʊrɪəs〕 *adj.* 狂怒的

11. **sorrow**[3] 〔'sɑro〕 *n.* 悲傷
    <u>sorrowful</u>[4] 〔'sɑrofəl〕 *adj.*
    悲傷的

12. **grief**[4] 〔grif〕 *n.* 悲傷
    <u>grieve</u>[4] 〔griv〕 *v.* 悲傷

13. **miser**[5] 〔'maɪzɚ〕 *n.* 小氣鬼；
    守財奴
    <u>misery</u>[3] 〔'mɪzərɪ〕 *n.* 悲慘
    <u>miserable</u>[4] 〔'mɪzərəbḷ〕 *adj.*
    悲慘的

I 10 感情・感傷

1. **sentiment**[5]〔'sɛntəmənt〕*n.*
感情
sentiment**al**[6]〔ˌsɛntə'mɛntḷ〕
adj. 多愁善感的；感傷的

2. **emotion**[2]〔ɪ'moʃən〕*n.* 情緒
emotion**al**[4]〔ɪ'moʃənḷ〕*adj.*
感情的

3. **passion**[3]〔'pæʃən〕*n.* 熱情
passion**ate**[5]〔'pæʃənɪt〕*adj.*
熱情的

4. **instinct**[4]〔'ɪnstɪŋkt〕*n.* 本能
distinct[4]〔dɪ'stɪŋkt〕*adj.*
不同的
extinct[5]〔ɪk'stɪŋkt〕*adj.* 絕種的

5. **sympathy**[4]〔'sɪmpəθɪ〕*n.* 同情
sympath**ize**[5]〔'sɪmpəˌθaɪz〕
v. 同情
sympath**etic**[4]〔ˌsɪmpə'θɛtɪk〕
adj. 同情的

6. **pulse**[5]〔pʌls〕*n.* 脈搏
impulse[5]〔'ɪmpʌls〕*n.* 衝動

7. **temper**[3]〔'tɛmpɚ〕*n.* 脾氣
temperament[6]
〔'tɛmpərəmənt〕*n.* 性情

8. **spirit**[2]〔'spɪrɪt〕*n.* 精神
spirit**ual**[4]〔'spɪrɪtʃʊəl〕*adj.*
精神上的

9. **enthusiastic**[5]〔ɪnˌθjuzɪ'æstɪk〕
adj. 熱心的
enthusiasm[4]〔ɪn'θjuzɪˌæzəm〕
n. 熱忱

10. **zeal**[6]〔zil〕*n.* 熱心；熱忱
zeal**ous**〔'zɛləs〕*adj.* 熱心的
jealous[3]〔'dʒɛləs〕*adj.* 嫉妒的

11. **path**[2]〔pæθ〕*n.* 小徑
path**etic**[6]〔pə'θɛtɪk〕*adj.*
可憐的

sympathy

path

Group J 經濟 / 社會 / 政治

J1 金錢・財富

1. **income**² ﹝'ɪn,kʌm﹞ n. 收入
   outcome⁴ ﹝'aʊt,kʌm﹞ n. 結果

2. **wag**³ ﹝wæg﹞ v. 搖動（尾巴）
   wage³ ﹝wedʒ﹞ n. 工資

3. **expense**³ ﹝ɪk'spɛns﹞ n. 費用
   expensive² ﹝ɪk'spɛnsɪv﹞ adj.
   昂貴的

4. **ill**² ﹝ɪl﹞ adj. 生病的
   bill² ﹝bɪl﹞ n. 帳單；紙鈔

5. **fare**³ ﹝fɛr﹞ n. 車資
   welfare⁴ ﹝'wɛl,fɛr﹞ n. 福利

6. **wealth**³ ﹝wɛlθ﹞ n. 財富
   wealthy³ ﹝'wɛlθɪ﹞ adj. 有錢的

7. **poor**¹ ﹝pʊr﹞ adj. 窮的
   poverty³ ﹝'pɑvətɪ﹞ n. 貧窮

8. **luxury**⁴ ﹝'lʌkʃərɪ﹞ n. 豪華
   luxurious⁴ ﹝lʌg'ʒʊrɪəs,
   lʌk'ʃʊr-﹞ adj. 豪華的

9. **treasure**² ﹝'trɛʒɚ﹞ n. 寶藏
   v. 珍惜
   treasury⁵ ﹝'trɛʒərɪ﹞ n. 寶庫；
   寶典

10. **west**¹ ﹝wɛst﹞ n. 西方
    waste¹ ﹝west﹞ v. 浪費

11. **award**³ ﹝ə'wɔrd﹞ v. 頒發
    n. 獎
    reward⁴ ﹝rɪ'wɔrd﹞
    n. 報酬；獎賞

    award

    He won an award.
    他贏得一個獎項。
    He deserved a reward.
    他應該得到報酬。

12. **debt**² ﹝dɛt﹞ n. 債務
    doubt² ﹝daʊt﹞ v. n. 懷疑

J2 職業・工作

1. **profession**[4] ﹝ prə'fɛʃən ﹞ *n.* 職業
   professional[4] ﹝ prə'fɛʃənḷ ﹞ *adj.* 職業的
   professor[4] ﹝ prə'fɛsɚ ﹞ *n.* 教授

2. **car**[1] ﹝ kɑr ﹞ *n.* 汽車
   career[4] ﹝ kə'rɪr ﹞ *n.* 職業

3. **secret**[2] ﹝ 'sikrɪt ﹞ *n.* 秘密
   secretary[2] ﹝ 'sɛkrə,tɛrɪ ﹞ *n.* 秘書

4. **clock**[1] ﹝ klɑk ﹞ *n.* 時鐘
   clerk[2] ﹝ klɝk ﹞ *n.* 店員；職員

5. **appoint**[4] ﹝ ə'pɔɪnt ﹞ *v.* 指派
   appointment[4] ﹝ ə'pɔɪntmənt ﹞ *n.* 約會

6. **sign**[2] ﹝ saɪn ﹞ *n.* 告示牌 *v.* 簽名
   assign[4] ﹝ ə'saɪn ﹞ *v.* 指派

sign

7. **employ**[3] ﹝ ɪm'plɔɪ ﹞ *v.* 雇用
   employment[3] ﹝ ɪm'plɔɪmənt ﹞ *n.* 雇用；工作

8. **employer**[3] ﹝ ɪm'plɔɪɚ ﹞ *n.* 雇主
   employee[3] ﹝ ,ɛmplɔɪ'i ﹞ *n.* 員工

9. **hire**[2] ﹝ haɪr ﹞ *v.* 雇用 ⎫ 反
   fire[1] ﹝ faɪr ﹞ *v.* 解雇 ⎬ 義字

10. **engage**[3] ﹝ ɪn'gedʒ ﹞ *v.* 從事
    engagement[3] ﹝ ɪn'gedʒmənt ﹞ *n.* 訂婚

11. **miss**[1] ﹝ mɪs ﹞ *v.* 錯過；想念
    dismiss[4] ﹝ dɪs'mɪs ﹞ *v.* 解散；下（課）

12. **retire**[4] ﹝ rɪ'taɪr ﹞ *v.* 退休
    retirement[4] ﹝ rɪ'taɪrmənt ﹞ *n.* 退休

13. **resign**[4] ﹝ rɪ'zaɪn ﹞ *v.* 辭職
    resignation[4] ﹝ ,rɛzɪg'neʃən ﹞ *n.* 辭職

14. **quit**[2] ﹝ kwɪt ﹞ *v.* 停止；辭職
    quiz[2] ﹝ kwɪz ﹞ *n.* 小考

J3　買賣・交易

1. **chase**[1]〔tʃes〕*v.* 追趕

   purchase[5]〔'pɝtʃəs〕*v.* 購買

   (= *buy*[1])

2. **invest**[4]〔ɪn'vɛst〕*v.* 投資

   investment[4]〔ɪn'vɛstmənt〕*n.*
   投資

3. **consume**[4]〔kən'sum,-'sjum〕
   v. 消耗；吃（喝）

   consumption[6]〔kən'sʌmpʃən〕
   n. 消耗；吃（喝）

   consumer[4]〔kən'sumɚ,
   -'sjumɚ〕*n.* 消費者

4. **register**[4]〔'rɛdʒɪstɚ〕*v.* 登記；
   註冊

   registration[4]〔,rɛdʒɪ'streʃən〕
   n. 登記；註冊

5. **deal**[1]〔dil〕*v.* 處理

   dealer[3]〔'dilɚ〕*n.* 商人

6. **source**[2]〔sors〕*n.* 來源

   resource[3]〔rɪ'sors〕*n.* 資源

7. **age**[1]〔edʒ〕*n.* 年紀

   agent[4]〔'edʒənt〕*n.* 代理人；
   經紀人

   agency[4]〔'edʒənsɪ〕*n.* 代辦處

8. **common**[1]〔'kɑmən〕*adj.*
   常見的

   commodity[5]〔kə'mɑdətɪ〕
   n. 商品

9. **stock**[5,6]〔stɑk〕*n.* 股票；存貨

   stocking[3]〔'stɑkɪŋ〕*n.* 長襪

   stocking

10. **road**[1]〔rod〕*n.* 道路

    load[3]〔lod〕*n.* 負擔

11. **burn**[2]〔bɝn〕*v.* 燃燒

    burden[3]〔'bɝdn̩〕*n.* 負擔

12. **eight**[1]〔et〕*n.* 八

    freight[5]〔fret〕*n.* 貨物

13. **traffic**[2]〔'træfɪk〕*n.* 交通

    pacific[5]〔pə'sɪfɪk〕*adj.* 和平的

J4　經濟・財政

1. **economy**[4] 〔 ɪˈkɑnəmɪ 〕 n. 經濟
   <u>economic</u>[4] 〔ˌikəˈnɑmɪk 〕
   adj. 經濟的
   <u>economical</u>[4] 〔ˌikəˈnɑmɪkḷ 〕
   adj. 節省的

2. **economics**[4] 〔ˌikəˈnɑmɪks 〕 n.
   經濟學
   <u>economist</u>[4] 〔 ɪˈkɑnəmɪst 〕 n.
   經濟學家

3. **merchant**[3] 〔ˈmɝtʃənt 〕 n. 商人
   <u>merchandise</u>[6] 〔ˈmɝtʃənˌdaɪz 〕
   n. 商品

4. **tail**[1] 〔 tel 〕 n. 尾巴
   <u>retail</u>[6] 〔ˈritel 〕 v. n. 零售

5. **client**[3] 〔ˈklaɪənt 〕 n. 客戶
   <u>ingredient</u>[4] 〔 ɪnˈgridɪənt 〕 n.
   原料；材料

6. **commerce**[4] 〔ˈkɑmɝs 〕 n. 商業
   <u>commercial</u>[3] 〔 kəˈmɝʃəl 〕 adj.
   商業的　n. (電視、廣播的)
   商業廣告

7. **tax**[3] 〔 tæks 〕 n. 稅
   <u>taxi</u>[1] 〔ˈtæksɪ 〕 n. 計程車
   (= cab)

8. **trade**[2] 〔 tred 〕 n. 貿易
   <u>trader</u>[3] 〔ˈtredɚ 〕 n. 商人
   <u>trademark</u>[5] 〔ˈtredˌmɑrk 〕 n.
   商標

9. **insure**[5] 〔 ɪnˈʃʊr 〕 v. 為…投保
   <u>insurance</u>[4] 〔 ɪnˈʃʊrəns 〕 n.
   保險

10. **install**[4] 〔 ɪnˈstɔl 〕 v. 安裝
    <u>installation</u>[6] 〔ˌɪnstəˈleʃən 〕
    n. 安裝
    <u>installment</u>[6] 〔 ɪnˈstɔlmənt 〕
    n. 分期付款的錢

11. **fund**[3] 〔 fʌnd 〕 n. 資金；基金
    <u>fundamental</u>[4] 〔ˌfʌndəˈmɛntḷ 〕
    adj. 基本的

12. **capital**[3,4] 〔ˈkæpətḷ 〕 n. 首都；資本
    <u>capitalist</u>[4] 〔ˈkæpətḷɪst 〕
    n. 資本家
    <u>capitalism</u>[4] 〔ˈkæpətḷˌɪzəm 〕
    n. 資本主義

13. **bud**[3] 〔 bʌd 〕 n. 芽；花蕾
    <u>budget</u>[3] 〔ˈbʌdʒɪt 〕 n. 預算

14. **finance**[4] 〔 fəˈnæns 〕 n. 財務
    v. 資助
    <u>financial</u>[4] 〔 faɪˈnænʃəl 〕
    adj. 財務的

J5　社會・人民

1. **social**[2] 〔'soʃəl 〕 *adj.* 社會的
   <u>sociable</u>[6] 〔'soʃəbḷ 〕 *adj.* 善交際的
   <u>society</u>[2] 〔 sə'saɪətɪ 〕 *n.* 社會

   sociable

2. **socialist**[6] 〔'soʃəlɪst 〕 *n.* 社會主義者
   <u>socialism</u>[6] 〔'soʃəl‚ɪzəm 〕 *n.* 社會主義
   <u>sociology</u>[6] 〔‚soʃɪ'alədʒɪ 〕 *n.* 社會學

3. **community**[4] 〔 kə'mjunətɪ 〕 *n.* 社區
   <u>communist</u>[5] 〔'kamju‚nɪst 〕 *n.* 共產主義者
   <u>communism</u>[5] 〔'kamju‚nɪzəm 〕 *n.* 共產主義

4. **populate**[6] 〔'papjə‚let 〕 *v.* 居住於
   <u>population</u>[2] 〔‚papjə'leʃən 〕 *n.* 人口

5. **civil**[3] 〔'sɪvḷ 〕 *adj.* 公民的
   <u>civilize</u>[6] 〔'sɪvḷ‚aɪz 〕 *v.* 教化
   <u>civilization</u>[4] 〔‚sɪvḷaɪ'zeʃən 〕 *n.* 文明

6. **civic**[5] 〔'sɪvɪk 〕 *adj.* 公民的
   <u>civilian</u>[4] 〔 sə'vɪljən 〕 *n.* 平民

7. **industry**[2] 〔'ɪndəstrɪ 〕 *n.* 工業；勤勉
   <u>industrialize</u>[4] 〔 ɪn'dʌstrɪəl‚aɪz 〕 *v.* 使工業化

8. **industrial**[3] 〔 ɪn'dʌstrɪəl 〕 *adj.* 工業的
   <u>industrious</u> 〔 ɪn'dʌstrɪəs 〕 *adj.* 勤勉的

   industrious

9. **enter**[1] 〔'ɛntɚ 〕 *v.* 進入
   <u>enterprise</u>[5] 〔'ɛntɚ‚praɪz 〕 *n.* 企業

10. **city**[1] 〔'sɪtɪ 〕 *n.* 都市
    <u>citizen</u>[2] 〔'sɪtəzṇ 〕 *n.* 公民

11. **acquaint**[4] 〔 ə'kwent 〕 *v.* 使認
識；使熟悉
acquaintance[4] 〔 ə'kwentəns 〕
n. 認識的人
nodding acquaintance
點頭之交

12. **alien**[5] 〔'elɪən , 'eljən 〕 *n.* 外星人
adj. 外國的
alienate[6] 〔'eljən,et 〕 *v.* 使疏遠

alien

13. **dome**[6] 〔 dom 〕 *n.* 圓頂
domestic[3] 〔 də'mɛstɪk 〕 *adj.*
國內的

dome

14. **native**[3] 〔'netɪv 〕 *adj.* 本地的；
本國的
relative[4] 〔'rɛlətɪv 〕 *n.* 親戚
detective[4] 〔 dɪ'tɛktɪv 〕 *n.*
偵探

detective

15. **race**[1] 〔 res 〕 *n.* 賽跑；種族
racial[3] 〔'reʃəl 〕 *adj.* 種族的
racism[6] 〔'resɪzəm 〕 *n.* 種族
主義

16. **ethic**[5] 〔'ɛθɪk 〕 *n.* 道德規範
ethnic[6] 〔'ɛθnɪk 〕 *adj.* 種族的
medical ethics 醫德

J6　法律・犯罪

1. **just**[1] 〔 dʒʌst 〕 *adj.* 公正的
   <u>justify</u>[5] 〔ˈdʒʌstəˌfaɪ 〕 *v.* 使正
   當化

2. **punish**[2] 〔ˈpʌnɪʃ 〕 *v.* 處罰
   <u>punishment</u>[2] 〔ˈpʌnɪʃmənt 〕 *n.*
   處罰

3. **liable**[6] 〔ˈlaɪəbḷ 〕 *adj.* 應負責的
   <u>reliable</u>[3] 〔 rɪˈlaɪəbḷ 〕 *adj.* 可靠的

4. **valid**[6] 〔ˈvælɪd 〕 *adj.* 有效的
   <u>validity</u>[6] 〔 vəˈlɪdətɪ 〕 *n.* 效力

5. **law**[1] 〔 lɔ 〕 *n.* 法律
   <u>lawful</u>[4] 〔ˈlɔfəl 〕 *adj.* 合法的

6. **leg**[1] 〔 lɛg 〕 *n.* 腿
   <u>legal</u>[2] 〔ˈligḷ 〕 *adj.* 合法的
   <u>legitimate</u>[6] 〔 lɪˈdʒɪtəmɪt 〕
   adj. 正當的；合法的 ⎫同義字

7. **legislative**[6] 〔ˈlɛdʒɪsˌletɪv 〕 *adj.*
   立法的
   <u>legislator</u>[6] 〔ˈlɛdʒɪsˌletə 〕 *n.*
   立法委員

8. **legislation**[5] 〔ˌlɛdʒɪsˈleʃən 〕 *n.*
   立法
   <u>legislature</u>[6] 〔ˈlɛdʒɪsˌletʃə 〕 *n.*
   立法機關

legislature

9. **guilt**[4] 〔 gɪlt 〕 *n.* 罪
   <u>guilty</u>[4] 〔ˈgɪltɪ 〕 *adj.* 有罪的

10. **crime**[2] 〔 kraɪm 〕 *n.* 罪
    <u>criminal</u>[3] 〔ˈkrɪmənḷ 〕 *n.* 罪犯

criminal

11. **innocent**[3] 〔ˈɪnəsṇt 〕 *adj.* 清白
    的；天眞的
    <u>innocence</u>[4] 〔ˈɪnəsṇs 〕 *n.*
    清白；天眞

J7　政治・外交

1. **politics**[3] 〔ˈpɑləˌtɪks 〕*n.* 政治學
   politician[3] 〔ˌpɑləˈtɪʃən 〕*n.*
   政治人物；政客

2. **icy**[3] 〔ˈaɪsɪ 〕*adj.* 結冰的
   policy[2] 〔ˈpɑləsɪ 〕*n.* 政策

3. **pain**[2] 〔 pen 〕*n.* 疼痛；痛苦
   camp[1] 〔 kæmp 〕*v.* 露營
   campaign[4] 〔 kæmˈpen 〕*n.* 活動
   【注意拼字】

4. **candy**[1] 〔ˈkændɪ 〕*n.* 糖果
   candidate[4] 〔ˈkændəˌdet 〕*n.*
   候選人

5. **vote**[2] 〔 vot 〕*v.* 投票　*n.* 票
   voter[2] 〔ˈvotɚ 〕*n.* 投票者

6. **minister**[4] 〔ˈmɪnɪstɚ 〕*n.* 部長
   ministry[4] 〔ˈmɪnɪstrɪ 〕*n.* 部

7. **congress**[4] 〔ˈkɑŋgrəs 〕*n.* 議會；
   會議
   congressman[6] 〔ˈkɑŋgrəsmən 〕
   n. 議員

8. **state**[1] 〔 stet 〕*n.* 國家；州；狀態
   v. 敘述
   statesman[5] 〔ˈstetsmən 〕*n.*
   政治家

9. **ambassador**[3] 〔 æmˈbæsədɚ 〕
   n. 大使
   embassy[4] 〔ˈɛmbəsɪ 〕*n.*
   大使館

10. **diplomat**[4] 〔ˈdɪpləˌmæt 〕*n.*
    外交官
    diplomatic[6] 〔ˌdɪpləˈmætɪk 〕
    adj. 外交的；有外交手腕的
    diplomacy[6] 〔 dɪˈploməsɪ 〕
    n. 外交；外交手腕

11. **free**[1] 〔 fri 〕*adj.* 自由的；免費的
    freedom[2] 〔ˈfridəm 〕*n.* 自由

12. **liberty**[3] 〔ˈlɪbɚtɪ 〕*n.* 自由
    liberal[3] 〔ˈlɪbərəl 〕*adj.* 開明的

J8　治理・政體

1. **govern**[2] 〔'gʌvən 〕 v. 統治
   <u>governor</u>[3] 〔'gʌvənə 〕 n. 州長
   <u>government</u>[2] 〔'gʌvənmənt 〕
   n. 政府

2. **administer**[6] 〔 əd'mɪnəstə 〕 v.
   管理
   <u>administration</u>[6]
   〔 əd,mɪnə'streʃən 〕 n. 管理；
   （美國的）政府

3. **administrative**[6]
   〔 əd'mɪnə,stretɪv 〕 adj. 管理的
   <u>administrator</u>[6]
   〔 əd'mɪnə,stretə 〕 n. 管理者

4. **dominate**[4] 〔'dɑmə,net 〕 v. 支配
   <u>dominant</u>[4] 〔'dɑmənənt 〕 adj.
   支配的；最有勢力的

5. **republic**[3] 〔 rɪ'pʌblɪk 〕 n.
   共和國
   <u>republican</u>[5] 〔 rɪ'pʌblɪkən 〕
   adj. 共和國的

6. **royal**[2] 〔'rɔɪəl 〕 adj. 皇家的
   <u>royalty</u>[6] 〔'rɔɪəltɪ 〕 n. 王位；
   皇室

7. **democrat**[5] 〔'dɛmə,kræt 〕 n.
   民主主義者
   <u>democratic</u>[3] 〔,dɛmə'krætɪk 〕
   adj. 民主的
   <u>democracy</u>[3] 〔 də'mɑkrəsɪ 〕
   n. 民主政治

8. **reign**[5] 〔 ren 〕 n. 統治期間
   <u>sovereign</u>[5] 〔'sɑvrɪn 〕 n.
   統治者【注意發音】
   <u>sovereignty</u>[6] 〔'sɑvrɪntɪ 〕 n.
   統治權

9. **tyrant**[5] 〔'taɪrənt 〕 n. 暴君
   <u>tyranny</u>[6] 〔'tɪrənɪ 〕 n. 暴政

10. **slave**[3] 〔 slev 〕 n. 奴隸
    <u>slavery</u>[6] 〔'slevərɪ 〕 n. 奴隸
    制度

slave

J9 時期・世紀

1. **per**[2] 〔 pɚ 〕 *prep.* 每…
   <u>period</u>[2] 〔'pɪrɪəd 〕 *n.* 期間

2. **era**[4] 〔'ɪrə,'irə 〕 *n.* 時代
   【注意發音】
   <u>erase</u>[3] 〔 ɪ'res 〕 *v.* 擦掉

erase

3. **transit**[6] 〔'trænsɪt 〕 *n.* 運送
   <u>transition</u>[6] 〔 træn'zɪʃən 〕 *n.*
   過渡期

4. **decay**[5] 〔 dɪ'ke 〕 *v.* 腐爛
   <u>decade</u>[3] 〔'dɛked 〕 *n.* 十年

5. **annual**[4] 〔'ænjʊəl 〕 *adj.* 一年
   一度的；一年的
   <u>anniversary</u>[4] 〔,ænə'vɝsərɪ 〕 *n.*
   週年紀念

6. **medium**[3] 〔'midɪəm 〕 *adj.*
   中等的
   <u>medieval</u>[6] 〔,midɪ'ivl 〕 *adj.*
   中世紀的

7. **ancient**[2] 〔'enʃənt 〕 *adj.* 古代的
   <u>sufficient</u>[3] 〔 sə'fɪʃənt 〕 *adj.*
   足夠的

8. **antique**[5] 〔 æn'tik 〕 *n.* 古董
   <u>antibiotic</u>[6] 〔,æntɪbaɪ'ɑtɪk 〕
   n. 抗生素

9. **current**[3] 〔'kɝənt 〕 *adj.* 現在的
   <u>currency</u>[5] 〔'kɝənsɪ 〕 *n.* 貨幣

currency

10. **temporary**[3] 〔'tɛmpə,rɛrɪ 〕
    adj. 暫時的
    <u>contemporary</u>[5]
    〔 kən'tɛmpə,rɛrɪ 〕 *adj.* 當代的；
    同時代的

11. **spontaneous**[6] 〔 spɑn'tenɪəs 〕
    adj. 自動自發的
    <u>simultaneous</u>[6]
    〔,saɪml'tenɪəs 〕 *adj.* 同時的

12. **previous**[3] 〔'privɪəs 〕 *adj.*
    先前的
    <u>preview</u>[5] 〔'pri,vju 〕 *v.* 預習

J10　成長・家族

1. **infant**[4] 〔 'ɪnfənt 〕
   n. 嬰兒；幼兒
   <u>elephant</u>[1] 〔 'ɛləfənt 〕
   n. 大象

2. **adult**[1] 〔 ə'dʌlt 〕 n. 成人
   <u>adulthood</u>[5] 〔 ə'dʌlthʊd 〕 n.
   成年

3. **generate**[6] 〔 'dʒɛnə,ret 〕 v. 產生
   <u>generation</u>[4] 〔 ,dʒɛnə'reʃən 〕 n.
   世代

4. **spring**[1,2] 〔 sprɪŋ 〕 n. 春天
   v. 跳躍
   <u>offspring</u>[6] 〔 'ɔf,sprɪŋ 〕 n. 子孫

5. **ancestor**[4] 〔 'ænsɛstɚ 〕 n. 祖先
   <u>transistor</u>[6] 〔 træn'zɪstɚ 〕 n.
   電晶體

6. **house**[1] 〔 haʊs 〕 n. 房子
   <u>household</u>[4] 〔 'haʊs,hold 〕 adj.
   家庭的

7. **tribe**[3] 〔 traɪb 〕 n. 部落
   <u>tribal</u>[4] 〔 'traɪbl̩ 〕 adj. 部落的

8. **breed**[4] 〔 brid 〕 v. 繁殖；養育
   <u>bleed</u>[3] 〔 blid 〕 v. 流血

9. **adolescent**[5] 〔 ,ædl̩'ɛsn̩t 〕 n.
   青少年
   <u>adolescence</u>[5] 〔 ,ædl̩'ɛsn̩s 〕 n.
   青春期

10. **mile**[1] 〔 maɪl 〕 n. 英哩
    <u>juvenile</u>[5]
    〔 'dʒuvənl̩ , 'dʒuvə,naɪl 〕 adj.
    青少年的

11. **mature**[3] 〔 mə'tʃʊr 〕 adj.
    成熟的
    <u>maturity</u>[4] 〔 mə'tʃʊrətɪ 〕 n.
    成熟

12. **veteran**[6] 〔 'vɛtərən 〕 n. 退伍
    軍人
    <u>veterinarian</u>[6] 〔 ,vɛtrə'nɛrɪən 〕
    n. 獸醫 (= vet)

13. **national**[2] 〔 'næʃənl̩ 〕 adj.
    全國的
    <u>nationality</u>[4] 〔 ,næʃən'ælətɪ 〕
    n. 國籍

Group K 物質 / 環境

K1 物質・材料

1. **material**[2,6] 〔 məˋtɪrɪəl 〕 *n.*
   材料；物質
   <u>materialism</u>[6] 〔 məˋtɪrɪəlˏɪzəm 〕 *n.* 物質主義

2. **substance**[3] 〔ˋsʌbstəns 〕 *n.* 物質
   <u>substantial</u>[5] 〔 səbˋstænʃəl 〕 *adj.*
   實質的；相當多的

3. **mine**[2] 〔 maɪn 〕 *n.* 礦坑
   <u>mineral</u>[4] 〔ˋmɪnərəl 〕 *n.* 礦物

4. **boil**[2] 〔 bɔɪl 〕 *v.* 沸騰
   <u>soil</u>[1] 〔 sɔɪl 〕 *n.* 土壤

5. **patrol**[5] 〔 pəˋtrol 〕 *v. n.* 巡邏
   <u>petroleum</u>[6] 〔 pəˋtrolɪəm 〕 *n.*
   石油【注意拼字】

6. **fuel**[4] 〔ˋfjuəl 〕 *n.* 燃料
   <u>cruel</u>[2] 〔ˋkruəl 〕 *adj.* 殘忍的

7. **physics**[4] 〔ˋfɪzɪks 〕 *n.* 物理學
   <u>physical</u>[4] 〔ˋfɪzɪkḷ 〕 *adj.*
   身體的

8. **vapor**[5] 〔ˋvepɚ 〕 *n.* 水蒸氣
   <u>steam</u>[2] 〔 stim 〕 *n.* 蒸氣 〕同義字

9. **liquid**[2] 〔ˋlɪkwɪd 〕 *n.* 液體
   <u>liquor</u>[4] 〔ˋlɪkɚ 〕 *n.* 烈酒

10. **solid**[3] 〔ˋsalɪd 〕 *adj.* 固體的；
    堅固的
    <u>solidarity</u>[6] 〔ˏsaləˋdærətɪ 〕 *n.*
    團結

11. **clear**[1] 〔 klɪr 〕 *adj.* 清楚的；
    清澈的
    <u>nuclear</u>[4] 〔ˋnjuklɪɚ 〕 *adj.*
    核子的

12. **physicist**[4] 〔ˋfɪzəsɪst 〕 *n.*
    物理學家
    <u>physician</u>[4] 〔 fəˋzɪʃən 〕 *n.*
    內科醫生

13. **chemical**[2] 〔ˋkɛmɪkḷ 〕 *n.* 化學
    物質　　*adj.* 化學的
    <u>chemist</u>[5] 〔ˋkɛmɪst 〕 *n.* 化學家
    <u>chemistry</u>[4] 〔ˋkɛmɪstrɪ 〕 *n.*
    化學

K2　工具・技術

1. **device**[4] 〔 dɪˈvaɪs 〕 *n.* 裝置
   devise[4] 〔 dɪˈvaɪz 〕 *v.* 設計；
   發明

2. **instrument**[2] 〔ˈɪnstrəmənt 〕 *n.*
   儀器；樂器
   musical instrument　樂器

3. **implement**[6] 〔ˈɪmpləˌmɛnt 〕 *v.*
   實施
   complement[6] 〔ˈkɑmpləˌmɛnt 〕
   v. 補充；與…相配
   〔ˈkɑmpləmənt 〕 *n.*

4. **apply**[2] 〔 əˈplaɪ 〕 *v.* 申請；應徵；
   運用
   appliance[4] 〔 əˈplaɪəns 〕 *n.* 家電
   用品

5. **function**[2] 〔ˈfʌŋkʃən 〕 *n.* 功能
   functional[4] 〔ˈfʌŋkʃən̩ 〕 *adj.*
   功能的

6. **role**[2] 〔 rol 〕 *n.* 角色 ⎫ 同
   roll[1] 〔 rol 〕 *v.* 滾動 ⎬ 音字

7. **factor**[3] 〔ˈfæktɚ 〕 *n.* 因素
   factory[1] 〔ˈfæktrɪ 〕 *n.* 工廠

8. **equip**[4] 〔 ɪˈkwɪp 〕 *v.* 裝備；
   使配備
   equipment[4] 〔 ɪˈkwɪpmənt 〕
   n. 設備

9. **machine**[1] 〔 məˈʃin 〕 *n.* 機器
   machinery[4] 〔 məˈʃinərɪ 〕 *n.*
   機器【集合名詞】

10. **mechanic**[4] 〔 məˈkænɪk 〕 *n.* 技工
    mechanics[5] 〔 məˈkænɪks 〕
    n. 機械學

11. **mechanical**[4] 〔 məˈkænɪk̩ 〕
    adj. 機械的
    mechanism[6] 〔ˈmɛkəˌnɪzəm 〕
    n. 機制

12. **technology**[3] 〔 tɛkˈnɑlədʒɪ 〕
    n. 科技
    technological[4]
    〔ˌtɛknəˈlɑdʒɪk̩ 〕 *adj.* 科技的

13. **technical**[3] 〔ˈtɛknɪk̩ 〕 *adj.*
    技術上的
    technique[3] 〔 tɛkˈnik 〕 *n.* 技術；
    方法
    technician[4] 〔 tɛkˈnɪʃən 〕 *n.*
    技術人員

K3　農耕・土地

1. **plant**[1] 〔plænt〕 *n.* 植物

   v. 種植

   plantation[5] 〔plæn'teʃən〕

   n. 大農場

   plantation

2. **nourish**[6] 〔'nɜɪʃ〕 *v.* 滋養

   nourishment[6] 〔'nɜɪʃmənt〕 *n.*

   滋養品

3. **culture**[2] 〔'kʌltʃɚ〕 *n.* 文化

   cultivate[6] 〔'kʌltə,vet〕 *v.* 培養

   cultural[3] 〔'kʌltʃərəl〕 *adj.*

   文化的

4. **drop**[2] 〔drɑp〕 *v.* 落下

   crop[2] 〔krɑp〕 *n.* 農作物

5. **vest**[3] 〔vɛst〕 *n.* 背心

   harvest[3] 〔'hɑrvɪst〕 *n.* 收穫

   vest

6. **examine**[1] 〔ɪg'zæmɪn〕 *v.*

   檢查

   famine[6] 〔'fæmɪn〕 *n.* 飢荒

7. **siren**[6] 〔'saɪrən〕 *n.* 警報器

   barren[5] 〔'bærən〕 *adj.* 貧瘠的

   barren

8. **fertile**[4] 〔'fɜtl̩〕 *adj.* 肥沃的

   fertility[6] 〔fɜ'tɪlətɪ〕 *n.* 肥沃

K4　宇宙・天文

1. **universe**[3] 〔 'junə,vɝs 〕 *n.* 宇宙
   <u>universal</u>[4] 〔 ,junə'vɝsḷ 〕 *adj.*
   普遍的；全世界的
   <u>university</u>[4] 〔 ,junə'vɝsətɪ 〕 *n.*
   大學

2. **space**[1] 〔 spes 〕 *n.* 空間；太空
   <u>spacious</u>[6] 〔 'speʃəs 〕 *adj.*
   寬敞的

3. **polite**[2] 〔 pə'laɪt 〕 *adj.* 有禮貌的
   <u>satellite</u>[4] 〔 'sætḷ,aɪt 〕 *n.* 衛星
   artificial satellite 人造衛星

4. **plan**[1] 〔 plæn 〕 *n.v.* 計劃
   <u>planet</u>[2] 〔 'plænɪt 〕 *n.* 行星

5. **globe**[4] 〔 glob 〕 *n.* 地球
   <u>global</u>[3] 〔 'globḷ 〕 *adj.* 全球的

6. **sphere**[6] 〔 sfɪr 〕 *n.* 球體
   <u>hemisphere</u>[6] 〔 'hɛməs,fɪr 〕 *n.*
   半球
   <u>atmosphere</u>[4] 〔 'ætməs,fɪr 〕 *n.*
   大氣層；氣氛

7. **latitude**[5] 〔 'lætə,tjud 〕 *n.* 緯度
   <u>longitude</u>[5] 〔 'landʒə,tjud 〕 *n.*
   經度

8. **astronomy**[5] 〔 ə'stranəmɪ 〕 *n.*
   天文學
   <u>astronomer</u>[5] 〔 ə'stranəmɚ 〕
   n. 天文學家
   <u>astronaut</u>[5] 〔 'æstrə,nɔt 〕
   n. 太空人

9. **grave**[4] 〔 grev 〕 *n.* 墳墓
   <u>gravity</u>[5] 〔 'grævətɪ 〕 *n.* 重力

10. **bit**[1] 〔 bɪt 〕 *n.* 一點點
    <u>orbit</u>[4] 〔 'ɔrbɪt 〕 *n.* 軌道

11. **equal**[1] 〔 'ikwəl 〕 *adj.* 相等的
    <u>equality</u>[4] 〔 ɪ'kwalətɪ 〕 *n.*
    相等

12. **equate**[5] 〔 ɪ'kwet 〕 *v.* 把…視為
    同等
    <u>equator</u>[6] 〔 ɪ'kwetɚ 〕 *n.* 赤道
    <u>equation</u>[6] 〔 ɪ'kweʃən 〕 *n.*
    方程式

13. **solar**[4] 〔 'solɚ 〕 *adj.* 太陽的
    <u>solar cell</u>　太陽能電池
    <u>solar panel</u>　太陽能板

14. **arctic**[6] 〔 'arktɪk 〕 *adj.* 北極的
    <u>antarctic</u>[6] 〔 ænt'arktɪk 〕 *adj.*
    南極的

K5 環境・氣候

1. **surround**[3] 〔 səˈraʊnd 〕 v. 環繞；
   包圍
   surroundings[4] 〔 səˈraʊndɪŋz 〕
   n. pl. 周遭環境

2. **environment**[2]
   〔 ɪnˈvaɪrənmənt 〕 n. 環境
   environmental[3]
   〔 ɪnˌvaɪrənˈmɛntḷ 〕 adj. 環境的

3. **stance** 〔 stæns 〕 n. 立場
   circumstance[4] 〔ˈsɝkəmˌstæns 〕
   n. 情況

4. **state**[1] 〔 stet 〕 n. 狀態；州
   v. 敘述
   statement[1] 〔ˈstetmənt 〕 n.
   敘述

5. **condition**[3] 〔 kənˈdɪʃən 〕 n.
   情況
   tradition[2] 〔 trəˈdɪʃən 〕 n.
   傳統

6. **occasion**[3] 〔 əˈkeʒən 〕 n. 場合；
   特別的大事
   occasional[4] 〔 əˈkeʒənḷ 〕 adj.
   偶爾的

7. **casual**[3] 〔ˈkæʒʊəl 〕 adj. 非正
   式的
   casualty[6] 〔ˈkæʒʊəltɪ 〕 n.
   死傷（者）

8. **phase**[6] 〔 fez 〕 n. 階段
   phrase[2] 〔 frez 〕 n. 片語

9. **climb**[1] 〔 klaɪm 〕 v. 爬；攀登
   climate[2] 〔ˈklaɪmɪt 〕 n. 氣候

climb

10. **temperate** 〔ˈtɛmpərɪt 〕
    adj. 溫和的
    temperature[2] 〔ˈtɛmpərətʃə 〕
    n. 溫度

K6　地理環境

1. **passage**[3] （'pæsɪdʒ ） *n.* 通道；
   一段（文章）
   <u>passenger</u>[2] （'pæsṇdʒɚ ） *n.*
   乘客

2. **alley**[3] （'ælɪ ） *n.* 巷子
   <u>valley</u>[2] （'vælɪ ） *n.* 山谷

3. **site**[4] （saɪt ） *n.* 地點；網站　｝同音字
   <u>sight</u>[1] （saɪt ） *n.* 視力；
   景象

4. **estate**[5] （ə'stet ） *n.* 地產
   <u>real estate</u>　不動產

5. **desert**[2] （'dɛzɚt ） *n.* 沙漠
   （ dɪ'zɝt ） *v.* 拋棄
   <u>dessert</u>[2] （ dɪ'zɝt ） *n.* 甜點

dessert

6. **continent**[3] （'kantənənt ） *n.*
   洲；大陸
   <u>continental</u>[5] （ˌkantə'nɛntḷ ）
   adj. 大陸的

7. **tide**[3] （ taɪd ） *n.* 潮水
   <u>tidy</u>[3] （'taɪdɪ ） *adj.* 整齊的

8. **channel**[3] （'tʃænḷ ） *n.* 頻道；海峽
   <u>panel</u>[4] （'pænḷ ） *n.* 面板；專門小組

9. **province**[5] （'pravɪns ） *n.* 省
   <u>provincial</u>[6] （ prə'vɪnʃəl ） *adj.* 省的

10. **metro** （'mɛtro ） *n.* 地鐵
    <u>metropolitan</u>[6]
    （ˌmɛtrə'palətṇ ） *n.* 大都市居民
    adj. 大都市的

metro

11. **rural**[4] （'rʊrəl ） *adj.* 鄉村的
    <u>plural</u>[4] （'plʊrəl ） *n.* 複數

12. **suburbs**[3] （'sʌbɝbz ） *n.pl.* 郊區
    <u>suburban</u>[6] （ sə'bɝbən ） *adj.*
    郊外的
    <u>urban</u>[4] （'ɝbən ） *adj.* 都市的

13. **color**[1] （'kʌlɚ ） *n.* 顏色
    <u>colony</u>[3] （'kalənɪ ） *n.* 殖民地

INDEX・索引

treadmill 80

treasure[2] 91

treasury[5] 91

treat[5,2] 80

tree[1] 34

tremendous[4] 34

trend[3] 27

trial[2] 42

tribal[4] 101

tribe[3] 101

trifle[5] 35

trip[1] 35

triumph[4] 43

triumphant[6] 43

triumphantly[6] 43

trivial[6] 35

trophy[6] 73

trust[2] 53

trustworthy 53

try[1] 42

tumor[6] 4

type[2] 13

typical[3] 13

tyranny[6] 99

tyrant[5] 99

ultimate[6] 78

ultimately[6] 78

under[1] 54

undergo[6] 50

undermine[6] 54

undertake[6] 54

uniform[2] 75

unify[6] 75

union[3] 75

unique[4] 29

unit[1] 75

unity[3] 75

universal[4] 105

universe[3] 105

university[4] 105

unwilling 49

upright[5] 37

upset[3] 49

upstairs[1] 49

urban[4] 107

urge[4] 56

urgency[6] 56

urgent[4] 56

usage[4] 10

use[1] 10

utility[6] 52

utilize[6] 52

utmost[6] 25

utter[5] 23

vacancy 79

vacant[3] 79

vacation[2] 51

vague[5] 32

vain[4] 79

valiant[6] 82

valid[6] 97

validity[6] 97

valley[2] 107

valuable[3] 21

value[2] 21

van[3] 79

vanish[3] 79

vapor[5] 102

variable[6] 61

variation[6] 61

variety[3] 61

various[3] 32, 61

vary[3] 61

vase[3] 45

vast[4] 34

venture[5] 42

verse[3] 37

vertical[5] 37

vest[3] 34, 104

veteran[6] 101

veterinarian[6] 101

vice[6] 87

vice-president[3] 87

vicious[6] 87

victim[3] 83

victimize[6] 83

victor[6] 43

victorious[6] 43

victory[2] 43

vigor[5] 48

vigorous[5] 48

violate[4] 60

violation[4] 60

violence[3] 60

violent[3] 60

virtual[6] 86

virtually[6] 86

virtue[4] 86

visible[3] 3

vital[4] 48

vitamin[3] 48

vivid[3] 13

vividly 13

vocabulary[2] 9

vocation[6] 51

vogue[6] 32

volume[3] 16

voluntary[4] 48

volunteer[4] 48

vomit[6] 59

vote[2] 98

voter[2] 98

vulgar[6] 84

vulnerable[6] 84

wag[3] 91

wage[3] 91

wander[3] 80

ward[5] 88

ware[5] 17

warm[1] 57

warn[3] 57

waste[1] 91

wealth[3] 91

wealthy[3] 91

wear[1] 8

weary[5] 39

weep[3] 80

weigh[1] 16

weight[1] 16

welfare[4] 91

well[1] 33, 71

west[1] 91

whole[1] 39

wholesome[5] 39

wicked[3] 87

will[1] 48

willing[2] 48

wisdom[3] 18

wise[2] 18

wit[4] 2

withdraw[4] 59

witness[4] 2

wonder[2] 80

wonderful[2] 80

worship[5] 83

worth[2] 21

worthwhile[5] 21

worthy[5] 21

year[1] 41

yearn[6] 41

yield[5] 43

zeal[6] 90

zealous 90

「高中常考3500分類輕鬆背」背誦比賽

1. **參加資格：** 高一至高三在校同學，高中以下同
   學，也可越級挑戰。

2. **比賽辦法：** ①老師說出中文，同學能背出英文，
   甚至拼出英文，錯誤不超過一個
   以上，即算通過。

   ②可按自己能力，須以Group為單
   位，一次或多次背完。

   ③每天口試最多只能兩次。

3. **獎勵辦法：** 優先背完前100名的同學，
   可得獎金**1,000**元台幣。

4. **口試時間：** 週一至週五下午4:00～晚上10:00
   週六、週日上午10:00～晚上10:00

本書所有人

姓名 ＿＿＿＿＿＿＿＿＿＿＿　　電話 ＿＿＿＿＿＿＿＿＿＿＿

地址 ＿＿＿＿＿＿＿＿＿＿＿＿＿＿＿＿＿＿＿＿＿＿＿＿

（如拾獲本書，請通知本人領取，感激不盡。）

「高中常考 3500 分類輕鬆背」背誦記錄表

篇　　名	口試通過日期	口試老師簽名
Group A	年　　月　　日	
Group B	年　　月　　日	
Group C	年　　月　　日	
Group D	年　　月　　日	
Group E	年　　月　　日	
Group F	年　　月　　日	
Group G	年　　月　　日	
Group H	年　　月　　日	
Group I	年　　月　　日	
Group J	年　　月　　日	
Group K	年　　月　　日	

口試地點：台北市許昌街 17 號 6F【劉毅英文】
TEL：(02) 2389-5212

高中常考 3500 分類輕鬆背
Memorize College Entrance Exam
Vocabulary the Easy Way

定價：180 元

主　　　編 / 劉　毅
發 行 所 / 學習出版有限公司　　☎ (02) 2704-5525
郵 撥 帳 號 / 05127272 學習出版社帳戶
登 記 證 / 局版台業 2179 號
印 刷 所 / 裕強彩色印刷有限公司
台 北 門 市 / 台北市許昌街 10 號 2 F　☎ (02) 2331-4060
台灣總經銷 / 紅螞蟻圖書有限公司　☎ (02) 2795-3656
本公司網址 / www.learnbook.com.tw
電 子 郵 件 / learnbook@learnbook.com.tw

2017 年 11 月 1 日初版

4713269382522

1. 用會話背7000字① 書+CD 280元

將「高中常用7000字」融入日常生活會話，極短句，控制在5個字以內。以三句一組，容易背，背短句，比背單字還快。每句話都用得到，可以主動和外國人說。背完後，會說話、會寫作，更會考試。

2. 一分鐘背9個單字 書+CD 280元

顛覆傳統，一次背9個單字，把9個單字當作1個單字背，不斷熟背，變成直覺，就能終生不忘記，唯有不忘記，才能累積。利用相同字首、字尾編排，整理出規則，會唸就會拼，背單字變得超簡單。準確地鎖定「高中常用7000字」，用不到的、不考的字，不用浪費時間背。

3. 時速破百單字快速記憶 書 250元

7000字背誦法寶，用五種方法，以「一口氣」方法呈現，把7000字串聯起來，以發音為主軸，3字一組，9字一回，變成長期記憶。鎖定7000字，不超出7000字範圍。

4. 如何寫英文作文 書 250元

從頭到尾把英文作文該怎麼寫，敘述得一清二楚。從標題、主題句、推展句，到結尾句，非常完整。有最完整的轉承語，背了就有寫作文的衝動。

5. 7000字克漏字詳解 書 250元

保證7000字範圍，做克漏字測驗等於複習「高中常用7000字」。句子分析，一看就懂，對錯答案都有明確交代，翻譯、註釋樣樣齊全，不需要再查字典。Test 1～Test 5還有錄音QR碼，可跟著美籍老師唸，培養語感。

6. 7000字文意選填詳解　書 250元

「文意選填」是近年大學入試必考的題型。本書取材自名校老師命題，每回測驗都在「劉毅英文」實際考過，效果極佳。有句子分析、翻譯及註釋，一看就懂。保證在7000字範圍內，每個單字都標明級數。

7. 7000字閱讀測驗詳解　書 250元

符合大學入學考試的命題原則，具知識性、趣味性、教育性，和生活性。有翻譯及註釋，每個單字都註明級數。由淺至深編排，因為不必查字典，像是看小說一樣，越做越想做。保證在7000字範圍內，不會碰到考試不考、以後又用不到的單字。

8. 7000字學測試題詳解　書 250元

精選6份完整的試題，按照大學入學考試新題型命題。每份試題附有翻譯和註釋，單字有標明級數，對錯答案都有明確交待。把這6份試題當作課本一樣熟讀，再做其他試題就簡單了。

9. 高中常用7000字解析【豪華版】　書 390元

取材自大學入學考試中心新修編的「高中英文參考詞彙表」研究計劃報告，收錄的均是教育部公布的重要字彙，讓同學背得正確，迅速掌握方向，並有效用於考場上。重要字彙皆有例句，提供讀者八種不同的學習方式，包含記憶技巧、同反義字、常考片語、典型考題等。

10. 高中7000字測驗題庫　書 180元

取材自大規模考試，每條題目都有詳細解答。做詞彙題能增加閱讀能力，只要詞彙題滿分，其他克漏字、文意選填、閱讀測驗、翻譯、作文，稍加努力，就能完全征服。

11.

文法寶典全集　書990元

文法是語言的歸納，不完全的文法規則，反而會造成學習的障礙。這套書是提供讀者查閱的，深入淺出，會讓學生很高興。有了「文法寶典」，什麼文法難題都可以迎刃而解。

12.

一口氣背文法　書+CD 280元

文法規則無限多，沒人記得下來，只要背216句，就學完文法，利用背的句子可說出來，還可寫作文。郭雅惠博士說：「我很感恩，因為您發明的「一口氣背文法」，憑著那216句＋您的DVD＋我課前的準備，就可上課。」

13.

全真文法450題詳解　書280元

文法題目出起來可不簡單，不小心就會出現二個答案，中國人出題造句，受到中文的影響，很容易出錯。這本書選擇大陸、日本和台灣各大規模考試，大型考試出題者比較慎重，再請三位美籍老師校對，對錯答案都有明確交代。

14.

一口氣考試英語　書+CD 280元

單教試題，題目無法應用在日常生活當中，同學學起來很枯燥，把試題變成會話，就精彩了。試題往往有教育性，用這些題目來編會話，是最佳的選擇。同學一面準備考試，一面學會話，進步速度才快

15.

一口氣背同義字寫作文…①　書+MP3 280元

英文有17萬多字，沒有人背得下來，背了同義字，對寫作文有幫助。每個Unit先背九句平常用得到的會話，如：Unit 1 The Way to Success（成功之道），先背九個核心關鍵句。

16.

一口氣背7000字①~⑯合集　書990元

大考中心公佈的「高中英文常考字彙表」共6,369個字，也就是俗稱的「高中常用7000字」，我們按照「一口氣英語」的方式，三字一組來背，可快速增加單字。

17.

全真克漏字282題詳解　書280元

本書取材自大陸和日本大學入學試題，經過美籍權威教授Laura E. Stewart和本公司編輯Christian Adams仔細校對。書中每篇克漏字都有句子分析，對錯答案都有明確交代。另有劉毅老師親授「克漏字講座實況DVD」，同步學習，效果加倍。

18.

翻譯句型800　書280元

將複雜的英文文法濃縮成800個句子，同學可看著中文唸出英文，第二遍可看著中文默寫英文，也可在每一回Test中抽出一句練習。利用練習翻譯的機會，對閱讀能力、英文作文等也有幫助，一石多鳥。

19.

如何寫看圖英作文①　書180元

四張連環圖：採用「一口氣英語」方式，每一張圖片三句為一組，四張共12句，剛好120字左右。同學只要想到一張圖寫三句話，就會覺得輕鬆很多。兩張圖為一段，就可寫出漂亮的文章。

20.

如何寫看圖英作文②　書180元

一張圖片：以「一口氣英語」的方式，三句為一組，四組十二句，再以「人事時地物」為出發點，說明過去發生什麼事，現在情況如何，未來可能發生的情形，再說明你的看法即可。